# Private Banking im Qualitätswettbewerb um den Kunden

*Das Banking Forum Liechtenstein
ist eine gemeinsame Veranstaltungsreihe
des Liechtensteinischen Bankenverbandes
und der Fachhochschule Liechtenstein,
erstmals veranstaltet im Jahre 2002.
Der vorliegende Band beinhaltet eine auf
Dezember 2003 überarbeitete und aktualisierte
Fassung derjenigen Referate, die anlässlich
der Tagung am 21. November 2003
vorgetragen wurden.
Tagungsleiter war Dr. Daniel Wiesner,
Leiter des Instituts für Finanzdienstleistungen
an der Fachhochschule Liechtenstein.*

Philip Schädler · Marco J. Menichetti
(Herausgeber)

# Private Banking im Qualitätswettbewerb um den Kunden

Mit 10 Abbildungen

Springer-Verlag Berlin Heidelberg GmbH

lic. rer. publ. HSG Philip Schädler
Geschäftsführer
Liechtensteinischer Bankenverband
Pflugstrasse 20
9490 Vaduz
Fürstentum Liechtenstein
philip.schaedler@bankenverband.li

Dr. Marco J. Menichetti
Stiftungsprofessor des Liechtensteinischen Bankenverbandes
Institut für Finanzdienstleistungen
Fachbereich Wirtschaftswissenschaften
Fachhochschule Liechtenstein
Fürst-Franz-Josef-Strasse
9490 Vaduz
Fürstentum Liechtenstein
marco.menichetti@fh-liechtenstein.li

ISBN 978-3-7908-0259-7 ISBN 978-3-7908-2697-5 (eBook)
DOI 10.1007/978-3-7908-2697-5

Bibliografische Information Der Deutschen Bibliothek
Die Deutsche Bibliothek verzeichnet diese Publikation in der Deutschen Nationalbibliografie; detaillierte bibliografische Daten sind im Internet über <http://dnb.ddb.de> abrufbar.



springer.de


Ursprünglich erschienen bei Physica-Verlag Heidelberg 2004



Umschlaggestaltung: Erich Kirchner, Heidelberg

SPIN 11011262 88/3130-5 4 3 2 1 0 – Gedruckt auf säurefreiem Papier

# Einleitende Gedanken

**Philip Schädler**

lic. rer. publ. HSG; Tagungsleiter, Geschäftsführer des Liechtensteinischen Bankenverbandes

Im Private Banking (was übersetzt nichts anderes heisst als „persönliches Banking“) steht der vermögende Kunde im Mittelpunkt des Interesses. Im Private Banking haben wir es in der Regel mit einer sehr vermögenden Kundschaft (den sogenannten High Net Worth Individuals) zu tun, die mit hoher Qualität bedient werden will. Bei der Erbringung von qualitativ hochstehenden Bankdienstleistungen trennt sich aber die Spreu vom Weizen der Private-Banking-Anbieter. Qualitätsunterschiede sind für den Kunden wahrnehmbar und haben einen nicht zu unterschätzenden Einfluss auf das „interne Ranking“ des Kunden. Wir haben deshalb für das diesjährige Banking Forum Liechtenstein das Motto „Herausforderung Kunden – Private Banking im Qualitätswettbewerb um den Kunden“ gewählt. Dabei möchte ich zwei wichtige Aussagen vorweg nehmen:

1. **Die Kundenbedienung ist *die* grosse Herausforderung im Private Banking.** Dabei kommt uns auch das altbekannte Sprichwort „Der Kunde ist König“ in den Sinn, was wir heute treffender mit „Unsere Kunden sind uns am wichtigsten!“ übersetzen würden. Ohne Zweifel investieren heutzutage die Banken viele Ressourcen in die Kundenbedienung, jedoch mit unterschiedlichen Resultaten.

2. **Im Wettbewerb um den vermögenden Kunden spielt die Qualität der Dienstleistungen eine entscheidende Rolle,** wenn es darum geht, Kunden neu zu akquirieren oder zu halten. Oft ist eine Differenzierung zwischen den Private-Banking-Wettbewerbern nur mehr über die Qualität der Dienstleistung möglich, da die Produkte austauschbar oder kaum differenzierbar sind.

Ziel eines jeden Bankinstituts ist es, eine *hohe Zufriedenheit* bei den Kunden zu erreichen. Hier werden aber in der Praxis oft grundlegende Fehler gemacht. Dies bestätigt eine Studie von Reuters und Booz Allen

Hamilton[1], welche zum Schluss kommt, dass ein Grossteil der Privatkunden im High-end-Bereich mit dem Service ihrer Bank unzufrieden ist. Die Studie zählt folgende Gründe auf:

- Ein exzellenter Service wird nur wenigen angeboten. In der Regel haben die Berater zu wenig Zeit und kümmern sich mehr um administrative bankinterne Belange;

- Die Kundenberater verstehen weder die Anlagebedürfnisse ihrer Kunden, noch offerieren sie massgeschneiderte Beratung;

- Es herrscht Frustration über das Versagen der Banken selbst bei Basisangeboten. Verbesserungen werden u. a. in folgenden Bereichen erwartet: Zugang zu kompetenten und verlässlichen Kontaktpersonen, 100% richtig ausgeführte Transaktionen, verständliches Berichtwesen sowie effektivere Datenerfassung;

- Kunden wünschen sich die vieldiskutierte „Extra-Meile“ in Sachen Kundenorientierung und -service von ihrer Bank. Sie möchten einen vertrauensvollen Berater, der proaktiv und regelmässig auf den Anleger zugeschnittene Investmentvorschläge unterbreitet. Momentan werden die Berater dagegen noch grössenteils als reaktiv und lediglich ausführend empfunden.

Die *Defizite* liegen einerseits in der *Unkenntnis der Bedürfnisse des Kunden* und in der *schlechten Dienstleistungsqualität* (Zuverlässigkeit, Übersicht, Know-how usw.). Eine überdurchschnittliche Kundenzufriedenheit ist aber nur zu erreichen, wenn man die wirklichen Bedürfnisse der Kunden kennt. Die Maxime „know your customer“ erfährt dadurch eine zusätzliche Dimension.

Eine einfache *Erfolgsformel* könnte also lauten: *Die wirklichen Bedürfnisse des Kunden zu 100% mit qualitativ hoch stehenden Dienstleistungen abdecken = zufriedener Kunde.*

---

1 Vgl. news aktuell schweiz: Europäische Privatbanken erfüllen nicht die Service-Erwartungen ihrer Kunden

Die Formel deckt aber nur einen Teil der Beziehung Kunde – Bank ab. Nicht abgedeckt ist die „geografische Einbettung" dieser Beziehung. Ist der Wohnsitz des Kunden und der Sitz der Bank im gleichen Land (= on-shore) oder sind diese verschieden (= off-shore)? Zudem wird der Banking-Kultur durch diese Formel nicht Rechnung getragen.

Wenn wir also diese zwei Komponenten, nämlich die Standort- und die Kultur- oder Mentalitätskomponente dazunehmen, so kommen wir auf *drei qualitative Eckpfeiler der Kundenbeziehung*, nämlich

- **die Servicequalität:** d.h. die *Dienstleistungen* der Bank zeichnen sich aus durch *Effizienz, Zuverlässigkeit und Transparenz.* Der Kunde freut sich und sagt: „hier klappt alles und ich werde gut betreut". Die Berater verfügen über eine *hohe Fachkompetenz* und können *erstklassige Produkte* mit einer überdurchschnittlichen Performance anbieten. Zudem *kennt der Kundenberater die Bedürfnisse des Kunden* und weiss, wo er individuell die Schwerpunkte legen muss.

- **die Mentalitätsqualität:** d.h. die Kundenberater verfügen über eine *hohe Sozialkompetenz und Ethik*, sie nehmen sich genügend *Zeit für den Kunden*, zeigen dabei ein überdurchschnittliches *Engagement* (Fleiss) und erhalten dadurch ein besseres Verständnis für dessen Bedürfnisse. Es wird eine *Beziehungskontinuität* und ein *hohes Mass an gegenseitigem Vertrauen und Integrität* angestrebt. Dabei wird die Beziehung zum Kunden ernst genommen und gepflegt. Die Beziehung ist gekennzeichnet durch gegenseitige *Wertschätzung und Ehrlichkeit.*

- **die Standortqualität:** d.h. der Kunde sucht sich Standorte, die Rahmenbedingungen bieten, die seinen Bedürfnissen am besten entsprechen. Das sind Standorte, die *politische Sicherheit, Rechtssicherheit, Rechtsstaatlichkeit, Schutz des Eigentums und der Privatsphäre* anbieten. Das sind Standorte, die gekennzeichnet sind von einer *effizienten Bürokratie* (d.h. beispielsweise einer raschen Abwicklung von Geschäfts- und Gesellschaftsgründungen) und einer *niedrigen Abgabenbelastung.* Der *Zugang zu den wichtigsten Märkten* muss gewährleistet sowie eine moderne Infrastruktur vorhanden sein. Notwendig sind eine *gute Erreichbarkeit*, ein *Kultur- und Mentalitätsmatch* sowie eine gute *Reputation.*

Servicequalität, Mentalitätsqualität und Standortqualität ergeben in ihrer Summe die *Beziehungsqualität* zwischen Kunde und Bank.

*Für die Qualitätssicherung im Bereich der Servicequalität und der Mentalitätsqualität ist primär das einzelne Unternehmen verantwortlich.* Für diese Bereiche muss das Management Prozesse und Strategien entwickeln, welche eine hohe Service- und Mentalitätsqualität auf Dauer garantieren.

*Für die Standortqualität ist primär der Staat bzw. die Regierung zuständig.* Die Wirtschaftsverbände sind dabei gefordert, die Politik für einen wettbewerbsfähigen Finanzplatz mitzugestalten. Das tun sie, indem sie mit den Behörden eng zusammenarbeiten und in Arbeitsgruppen der Regierung vertreten sind, Stellungnahmen zu Gesetzesvernehmlassungen ausarbeiten sowie Informationen über den Finanzplatz bereitstellen.

*Die Attraktivität des Finanzplatzes Liechtenstein beruht primär auf der Standortqualität.* Der Finanzplatz Liechtenstein ist ein sog. „off-shore"-Finanzplatz, d.h. der Grossteil seiner Klienten kommt aus dem Ausland. Der Kunde ist off-shore, weil er sich dort verlassen kann, dass seine persönlichen Daten gesetzlich vor dem Zugriff Dritter geschützt sind, er rechtliche und wirtschaftliche Rahmenbedingungen vorfindet, die ihm eine breite Auswahl an Möglichkeiten zur Vermögensstrukturierung bieten und dies in einem steuerlich vorteilhaften Umfeld. Zuverlässige und kompetente Ansprechpartner, die international vernetzt sind, ergänzen das Standortportfolio.

Off-shore Kunden setzen ihren Schwerpunkt auf die Standortqualität. Aber im „off-shore"-Wettbewerb spielen die Service- und Mentalitätsqualität auch eine entscheidende Rolle, vor allem dann, wenn Distanzen keine Rolle spielen.

Die politischen Rahmenbedingungen haben sich in den letzten drei Jahren dahingehend geändert, dass zahlreiche grössere Staaten und internationale Organisationen (G8, OECD) versuchen, sogenannte Steuerparadiese und Finanzplätze mit strikten Datenschutzbestimmungen (Bank- und Steuergeheimnis) und steuergünstigen Rechtsstrukturen aus dem Wettbewerb zu nehmen, indem sie über Sanktionsdrohungen gezwungen werden, ihre Standortvorteile aufzugeben. Kurz gesagt, *es wird versucht, den Standortwettbewerb mit politischen Mitteln einzuschränken bzw. zu eliminieren.*

Dies geschieht aber zum Teil auch *schleichend durch Rechtsharmonisierung*, sei dies durch best practice Regeln, internationale Standards (soft law) oder Rechtsharmonisierung z.B. in der Europäischen Union.

Der Liechtensteinische Bankenverband setzt sich als Standesorganisation dafür ein, dass die Standortqualität bewahrt und im Sinne der Kunden weiterentwickelt wird. Dazu gehört der Schutz der Privatsphäre mit einem strengen Bankkundengeheimnis, eine niedrige Einkommens-, Vermögens- und Kapitalbesteuerung, ein liberales Wirtschafts- und Gesellschaftsrecht, eine moderne Finanzgesetzgebung und der Zugang zu den EU-Märkten. Der Finanzplatz muss aber gegen Missbräuche und kriminelle Organisationen geschützt werden. Auch ist eine funktionierende Finanzmarktaufsicht notwendig, um die Einhaltung der Gesetzesnormen zu gewährleisten. Dies ist ein wichtiger Beitrag für die Reputation des Finanzplatzes. Zudem ist die Ausbildung der Mitarbeiter stetig zu verbessern, um ein überdurchschnittliches Beratungs- und Betreuungs-Niveau zu erhalten.

Der Erfolg des Finanzplatzes hängt schliesslich davon ab, wie gut wir die Kundenbedürfnisse in Zukunft abdecken können. **Qualität** ist dabei – neben den klassischen Standortvorteilen – ein sehr **wichtiger permanenter Wettbewerbsfaktor**.

Die folgenden Beiträge des 2. Banking Forums Liechtenstein setzen sich sowohl mit Service-Excellence, Mentalitäts-Excellence wie auch mit der Standort-Excellence auseinander.

Vaduz, im April 2004

# Inhaltsverzeichnis

# Kundenwünsche im Private Banking

**Klaus Spremann**

Prof. Dr.; Direktor des Schweizerischen Instituts für Banken und Finanzen, Universität St. Gallen

## 1 Einleitung

Früher standen bei allen Unternehmen allein die Fragen im Mittelpunkt, die mit der Erstellung der Leistung zusammen hängen. Der *Betrieb*, die Produktion, die Ressourcen, das Denken in Input-Output-Relationen bestimmten die Strategie und die Organisation[1]. Dann wurde der Wettbewerb intensiver und die Unternehmen mussten den Kunden einen Schritt entgegen kommen.

Zunächst dachte man in den Unternehmen noch, dass man es bei der Produktionsorientierung belassen kann und nur zusätzlich *Marketing* einzusetzen habe. Für den Brückenschlag zwischen Angebot und Nachfrage wurden Ressourcen eingesetzt, und das Marketing wurde zum Objekt gestalterischer Planung. Gegenstand der Planung wurden die Werbung, Sortiment, Preis und Distribution, oder eben der freundliche *Salesman* oder der *Kundenberater.* Die moderne Fortführung ist das Customer-Relationship-Management (CRM). Alle diese Aktivitäten wurden mit Blick einerseits auf die Nachfrage und die Kundenwünsche gestaltet, andererseits mit Blick auf das, was die Unternehmung produzierte. Heute gehen die Unternehmen noch einen Schritt weiter. Sie verändern den Betrieb, die Produktion, und sie gestalten die Ressourcen und die Organisation ganz aus der Sicht der Kundenwünsche. Damit werden Absatz, Marketing, CRM erstens glaubhafter und zweitens besser unterstützt.

---

1 Die Unternehmen waren damals viel zu sehr mit sich selbst beschäftigt, als dass sie auf den Kunden hätten zugehen können. Die Kunden mussten das Angebot annehmen, so wie es war, und sie hatten damit zufrieden zu sein. Im Verlauf der Zeit wurden die mit dem Betrieb zusammenhängenden Probleme immer mehr gelöst und verlangten nicht mehr die ganze Aufmerksamkeit der Anbieter.

Wie in jedem anderen Sektor der Wirtschaft müssen sich auch im Finanzsektor die Anbieter auf den Bedarf, die Nachfrage und die Wünsche der Kunden einstellen. Die Zeiten, wo sich eine Bank oder Versicherung vorwiegend auf die Produktion konzentrierte und meinte, die Kunden würden sich an sie schon anpassen, sind auch bei Financial Services vorbei. Vorbei sind im Finanzsektor aber auch die Zeiten, in denen eine Bank oder Versicherung zwar eine Lücke zwischen der Angebots- und der Nachfrageseite ausmachte, aber davon ausging, diese durch Marketingmassnahmen schliessen zu können. Das Primat der Strategiebildung und der Ressourcenentscheidungen in den Unternehmen des Finanzsektors bildet heute die Kundenorientierung.

Zugegeben: Im Konsumgüterbereich führt die Grundstrategie der Kundenorientierung oft auf Massnahmen, die zum Teil aufreizend wirken, das Unbewusste ansprechen, und kurzfristig angelegt sind. Es werden Moden betont und Konsumenten zur Kaufentscheidung gedrängt. In anderen Bereichen hingegen ist die Grundstrategie der Kundenorientierung durchaus zurückhaltend angelegt und geht sachlicher auf die fundamentalen Bedürfnisse der Kunden ein, so wie sie ein moralisch handelnder Berater erkennt. Die Massnahmen der Unternehmung sind dann eher auf die Beratung und die Überzeugung des Kunden angelegt und die Schaffung von Vertrauen.

Letzteres ist im Finanzbereich der Fall. Doch auch dann bleibt die Grundstrategie der Kundenorientierung bestehen: Die Produktion und das Angebot sind primär an den Kundenwünschen ausgerichtet, und auch die betrieblichen und organisatorischen Verhältnisse des Anbieters werden aus den Kundenwünschen abgeleitet. Nur werden Kundenwünsche eher erforscht als geweckt, und bevor ein Anbieter Kundenwünsche erfüllt, unterzieht er sie einer ethischen Prüfung: Darf ein Berater, der sich mit dem Kunden moralisch verbunden fühlt, die Wünsche, so wie sie erhoben wurden, überhaupt erfüllen?

Indessen bedeutet das nicht, dass in der Kundenbeziehung überhaupt keine Anreize oder Stimuli gesetzt werden und dass Werbung keine Rolle spielen sollte. Nur dienen sie jetzt dazu, den Kunden aus einer Passivität zu locken, die letztlich für ihn abträglich wäre. So werden Anreize zwar zurückhaltend eingesetzt, aber sie dürfen nicht gänzlich fehlen.

Damit ist die Situation im Bereich der Financial Services und besonders im Private Banking gezeichnet. Von den Banken wurde in den vergangenen

Jahren eine deutliche Hinwendung zum Kunden vollzogen. Nach einem zögerlichen Einsetzen von Marketing wurde das CRM systematisch angegangen und mittlerweile werden wichtige Investitionen, vor allem bei der Standortentscheidung und der Informatik, und die Personalallokation aus der Perspektive der Kundenwünsche getroffen.

Selbstverständlich setzt all das voraus, dass die Kundenwünsche erforscht werden. Im Private Banking fliessen neben den empirisch erhobenen Aspekten der Nachfrage die normativen Empfehlungen der Wissenschaft zur vernünftigen Geldanlage ein. Von daher wurden die Kundenwünsche nicht nur erkundet, sondern zusätzlich einer Prüfung („darf man aus ethischer und wissenschaftlicher Sicht diesen Kundenwunsch erfüllen?“) unterzogen. Das Angebot im Private Banking, die Produktpalette, die Services und die Informationspolitik wurden inzwischen überall darauf ausgerichtet. Sehr zurückhaltend werden auch Stimuli eingesetzt, wie gesagt um den Kunden aus einem Verhalten zu locken, das letztlich für ihn selbst von Nachteil wäre.

Leider kann auch im Private Banking der Kundenwunsch selten vom Banker selbst erkannt werden. Denn die Erkenntnisgewinnung der in der Bank arbeitenden Personen ist stark vom derzeitigen Angebot, der Tradition und der Organisation der Bank geprägt – man sieht nur, was man sehen möchte. Die Erforschung von Kundenwünschen wird daher externen Instituten übertragen, die Befragungen durchführen.

Dabei werden oft Details nicht beachtet, die für das Private Banking wichtig sind. Ein Beispiel: Befragungen der Anlegerkundschaft zeigen, dass die Gebühren der Bank nur eine „mittlere Bedeutung“ haben. Entscheidet sich die Bank daraufhin für ein Pricing im mittleren Bereich, könnte sie am Ende „zwischen allen Stühlen“ sitzen. Denn eine Untersuchung, die Kundengruppen unterscheidet, belegt dies: Es gibt einerseits Kunden, für die Gebühren gar keine Rolle spielen (solange andere Qualitätsmerkmale erfüllt sind). Für dieses Segment wären ein hochwertiges Angebot und hohe Preise passend. Andererseits gibt es Kunden, für die es an erster Stelle auf geringe Gebühren ankommt. Für dieses Segment wäre ein kostengünstiges Angebot passend. Insofern liefert eine pauschale Befragung *aller* Privatinvestoren mit dem Ergebnis, dass Pricing mittlere Bedeutung hat, zwar die statistisch gesehen mittlere Einschätzung. Und doch wird die Bank mit der Schlussfolgerung, ihre Preise im Mittelbereich zu setzen, keinem Kunden gerecht. Gleiches gilt natürlich für andere Merkmale des Angebots, etwa die Breite und Tiefe der zu bietenden Dienstleistungen wie etwa die Bedeutung echter und unechter Mandate in Relation zur Direktanlage. Werden alle Kunden befragt, kommen stets Ergebnis zustande, die dem Aspekt eine „mittlere" Wichtigkeit zuweisen. Zu leicht wird dann übersehen, dass der Aspekt für einige Kunden sehr wichtig und für andere Kunden sehr unwichtig ist.

Im Folgenden soll eine Methode dargestellt werden, mit der Kundenwünsche erkannt und erhoben werden können, wobei gleichzeitig eine Segmentierung stattfindet. Grundlage ist das heute in der Entscheidungstheorie und in der Marktforschung verwendete Consumer Choice Model (CCM) von Fishbein und Azjen (1975)[2]. Dieses Modell gestattet eine segmentspezifische Identifikation der Kundenwünsche und geht damit deutlich weiter als traditionelle Umfragen und Erhebungen, die nicht nach Segmenten unterscheiden. Ausserdem soll über Ergebnisse berichtet werden, die mit dem CCM im Bereich der Financial Services gefunden worden sind. Hierzu greifen wir auf Capon, Fitzsimons und Prince (1996) zurück[3]. Diese Ergebnisse werden mit weiteren Erkenntnissen über das Verhalten von Privatinvestoren kombiniert. Im Ergebnis stehen fünf typische Kundensegmente. Die jeweiligen Kundenwünsche und die daraus abzuleitenden Bedienungsstrategien werden beleuchtet.

## 2 Das CCM

Das Consumer Choice Model von Fishbein und Azjen (1975) ist sehr allgemein gehalten und eignet sich daher nicht nur für Konsumenten, sondern ebenso für andere Wahlentscheidungen von Privatpersonen, also auch für die Entscheidungen von Privatanlegern. Es beschreibt das Informationsverhalten und die Bewertungen von Personen, die Entscheidungen treffen. Das CCM ist ein deskriptives und kein normatives Modell. Es beschreibt daher das tatsächliche Verhalten von Menschen und unterscheidet sich von Entscheidungsmodellen der ökonomischen Theorie, die Rationalität unterstellen.

---

[2] Martin Fishbein und Icek Azjen: *Belief, Attitude, Intention, and Behavior*. Addison-Wesley, Reading MA 1975.

[3] Capon, Noel, Gavan J. Fitzsimons, und Russ Alan Prince: An Individual Lever Analysis of the Mutual Fund Investment Decision. Journal of Financial Services Research 10 (1996), pp. 59-82

Nach dem CCM wird eine Privatperson erst dann aktiv, wenn es durch einen Reiz aus dem Zustand der Passivität heraustritt. Einige Menschen werden durch die Medien angesprochen, andere lassen sich durch Gespräche mit Bekannten oder andere Erlebnisse anregen. Selbstverständlich können auch negative Erlebnisse, so zum Beispiel der Ärger in einer bestehenden Bankbeziehung, Aktivität auslösen. Es gibt Personen, bei denen der Reiz stark sein muss. Andere bringen eine hohe Bereitschaft mit, Reize aufzunehmen oder suchen sogar Reize, so dass bereits eine Kleinigkeit stimulieren kann. Wichtig ist, dass es nicht unbedingt ein objektivierbarer Bedarf an Finanzberatung oder an Geldanlage ist, der eine Person aus dem Zustand der Passivität lockt. Menschen mit rationalem Grundmuster dürften sich aber leichter zu Aktivität stimulieren lassen, wenn sie einen objektivierbaren Bedarf haben. Doch auch sie werden erst aktiv, wenn sie ein Reiz erreicht hat.

Für die Bank bedeutet dies, dass sie in jenen Kommunikationskanälen, in denen ihre Kunden solche Reize wahrnehmen, ab und zu präsent sein muss. Sollte sich beispielsweise herausstellen, dass ein von ihr bedientes Kundensegment auf Events reagiert und Events wahrnimmt, dann muss die Bank immer wieder dafür sorgen, hinreichend viele Aktivitäten zu organisieren, die stimulieren könnten. Hat die Bank jedoch nur Kunden, die allein aufgrund von Vergleichen und von Tests handeln, dürfte es wenig Früchte bringen, immer wieder Events zu organisieren.

Damit öffnet sich der erste Schritt aktiv gewordener Personen. Sie beginnen Information einzuholen. Dabei wurde beobachtet, dass nicht jedermann alle möglichen *Informationsquellen* nutzt und beachtet. Einige Menschen informieren sich nur anhand der Zeitung und den anderen Medien. Andere glauben nur das, was Bekannte und Freunde ihnen berichten. Wieder andere hören nur auf das, was ihnen von einem Finanzberater oder Treuhänder gesagt wird. Schliesslich gibt es Personen, für die vor allem die eigene Erfahrung und das eigene Wissen zählen.

Die Liste der grundsätzlich in Frage kommenden Informationsquellen ist natürlich lang, doch sie kann für den jeweiligen Verwendungszusammenhang eingeschränkt werden. Für haltbare Konsumgüter wird die eingeschränkte Liste anders aussehen als für Verbrauchsartikel des täglichen Bedarfs oder für Financial Services. Für Anlagefonds wurde mit dieser eingeschränkten Liste von Informationsquellen gearbeitet, und wir dürfen unterstellen, dass diese Liste für das Private Banking generell relevant ist:

1. Veröffentlichte Performance, Rankings und Vergleiche
2. Werbung, Anzeigen
3. Direkt Mail
4. Finanzberater (Kommission) in der Bank
5. Finanzberater (Honorar) in Vermögensberatung
6. Empfehlungen Freundeskreis und Berufskollegen
7. Seminare und Bücher

Über eine dieser Informationsquellen (oder über mehrere präferierte Quellen) holt eine aktiv gewordene Person nun verschiedene Informationen ein. Dabei beobachtet sie zu den in diesen Informationsquellen entdeckten Möglichkeiten oder Alternativen gewisse *Attribute*. Attribute sind der Preis, die Qualität, Begleitdienste, Komfort, Prestige, der Kontext des Kaufs und so fort.

Hier wurde beobachtet, dass nicht jedermann alle möglichen Attribute beachtet. Einige Menschen beachten den Markennamen und die Reputation des Anbieters, andere sehen technische Merkmale, wiederum andere das Design und die Eleganz des Produkts. Die Liste der grundsätzlich in Frage kommenden Attribute ist lang, doch sie kann für den jeweiligen Verwendungszusammenhang eingeschränkt werden. Für haltbare Konsumgüter wird die eingeschränkte Liste anders aussehen als für Verbrauchsartikel des täglichen Bedarfs oder für Financial Services. Für Anlagefonds wurde mit dieser eingeschränkten Liste von Attributen gearbeitet, und wir dürfen unterstellen, dass diese Liste für das Private Banking generell relevant ist:

1. Performance und Track-Record
2. Name der Bank
3. Reputation des Portfoliomanagers
4. Investment Style (aktiv, passiv, Anlageschwerpunkte, ...)
5. Gebühren
6. Beantwortung von Anfragen und weitere Dienstleistungen

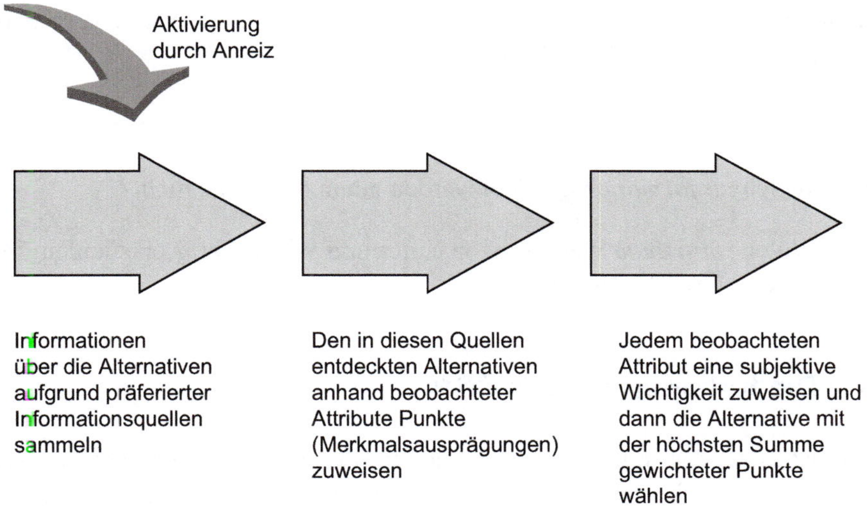


**Abb. 1.** Die drei Schritte der aktiv gewordenen Person bis zur Entscheidung

Wie gesagt, wird eine konkrete Person aber vielleicht nicht die Ausprägungen der Alternativen hinsichtlich aller Attribute dieser Liste beobachten, sondern vielleicht nur einige wenige. In einem dritten Schritt wird die Person nun den beobachteten Attributen eine Wichtigkeit zuweisen.

Es wurde entdeckt, dass Personen letztlich anhand einer *Punktesumme* entscheiden. Jede Alternative – die in den präferierten Informationsquellen als Möglichkeit entdeckt wurde – wird anhand ihrer Ausprägungen hinsichtlich der beobachteten Attribute erfasst und der Grad der Merkmalsausprägung wird durch „Punkte" ausgedrückt. Zu jeder Alternative wird nun die Summe der Punkte über alle Attribute gebildet, wobei die subjektiven Gewichte der Attribute einfliessen. Gewählt wird schliesslich die Alternative mit der höchsten Summe der gewichteten Merkmalsausprägungen.

Dieses Vorgehen wirkt recht vernünftig, denn in den verschiedensten Situationen entscheiden auch intendiert rationale Institutionen anhand von Summen gewichteter Merkmalsausprägungen. Indessen darf hier nicht übersehen werden, dass die Präferenz für bestimmte Informationsquellen bereits subjektiv ist, und dass auch die Gewichtung der Attribute oder die Vorauswahl der Attribute, die überhaupt von einer Person beachtet werden, subjektiv ist. Hingegen ist die Allokation von Punkten für die anzutreffenden Ausprägungen der Attribute bei den Alternativen vielfach intersubjektiv nachvollziehbar[4]. Von daher betont das CCM diese drei persönlichen Merkmale als wichtig:

1. Welche *Stimuli* versetzen die Person in den Zustand der Aktivität?

2. Welche *Informationsquellen* werden genutzt, welche nicht?

3. Welche *Attribute* werden beobachtet und wie wichtig erscheinen der Person diese Attribute?

## 3 Die Kalibrierung des CCM

Nun ist es so, dass ein konkreter Kunde im Private Banking beispielsweise nur die erste Informationsquelle nutzt (veröffentlichte Performance, Rankings und Vergleiche), ein anderer die erste und die zweite Informationsquelle (Werbung, Anzeigen), ein wiederum anderer vielleicht die erste in Kombination mit der dritten (Direct Mail) und der vierten (Finanzberater in Bank). Die Anzahl möglicher Kombinationen ist „m über n" und daher recht gross. In der Taxonomie werden deshalb Gruppen gebildet, um eine Vereinfachung zu erreichen. Das Verfahren dazu ist die *Clusteranalyse.* Die Kunden in einer jeden Gruppe sollen sich hinsichtlich der benutzen Informationsquellen möglichst ähneln (Homogenität). Zwischen den Gruppen soll eine möglichst hohe Verschiedenheit (Heterogenität) bestehen. Eine solche Clusteranalyse zeigt[5], dass im wesentlichen nur vier Typen von Informationsverhalten unterschieden werden müssen:

A) Personen, die sich *beraten* lassen,

B) Personen, die *Anzeigen* lesen,

C) Personen, die selbst über gutes *Finanzwissen* verfügen und dies als dominante Informationsquelle nutzen,

D) Personen, die nur auf *Vergleiche und Tests* achten.

---

[4] Ausnahmen sind Attribute wie der Investment Style.

[5] Die zitierte Studie von Capon, Fitzsimons und Prince (1996) hat 3000 Privatkunden im Anlagegeschäft untersucht.

Ebenso unterscheiden sich die Kunden im Private Banking erheblich hinsichtlich der Auswahl und Gewichtung der Attribute. So achtet ein konkreter Privatanleger nur auf das erste Attribut (Performance und Track-Record), ein anderer auf das erste und zweite Attribut (Name der Bank), und wieder ein anderer gewichtet vielleicht das erste, das dritte (Reputation des Portfoliomanagers) und das vierte Attribut (Investment Style).

Die Anzahl möglicher Kombinationen der beobachteten und für wichtig erachteten Attribute ist wieder „m über n" und folglich gross. Noch einmal wird die Taxonomie herangezogen, um eine Vereinfachung zu erreichen. Mit Clusteranalyse werden die Kunden hinsichtlich der Attribute gruppiert. In einer jeden Gruppe sollen sich die zusammengefassten Privatanleger hinsichtlich der beobachteten und für wichtig erachteten Attribute möglichst ähneln (Homogenität), zwischen den Gruppen soll eine möglichst hohe Verschiedenheit (Heterogenität) bestehen. Eine solche Clusteranalyse zeigt, dass im wesentlichen nur drei Typen von subjektivem Verhalten hinsichtlich der Attribute unterschieden werden müssen:

1. Personen, die auf **Performance aber nicht auf Gebühren** achten,

2. Personen, die auf **Performance und Gebühren** achten,

3. Personen, die auf **Service und Leistungsbündel** achten.

Es versteht sich von selbst, dass es auch Befragte gab, die nicht genau in diese drei Cluster fielen. Wie in jeder empirischen Studie wird jedoch ein grösserer Grad an Feinheit mit einem Verlust an Praktikabilität erkauft.

Da vier Cluster A), B), C), D) hinsichtlich des Informationsverhaltens und drei Cluster 1), 2), 3) hinsichtlich der beachteten und für wichtig erachteten Attribute herausgeschält werden konnten, müssen fortan zwölf Kundentypen unterschieden werden: Die entsprechenden Kundentypen sind mit A1), A2), …, D3) bezeichnet und in Abb. 2 festgehalten.

Die befragten Personen wurden nun fast vollständig zugeordnet (fast, weil nur die vier wichtigsten Cluster hinsichtlich des Informationsverhaltens und nur die drei wichtigsten Cluster hinsichtlich der Einstellungen zu den Attributen berücksichtigt sind). Fast jeder Privatinvestor entspricht einem der 12 Kundentypen. Nun zeigt sich schnell, das einige der zwölf Kundentypen nur auf ganz wenige Personen zutreffen. Es gibt eine Korrelation zwischen dem Informationsverhalten und den Einstellungen zu den Attributen. Dadurch sind manche der zwölf Kundensegmente „gut gefüllt“ und andere leer.

Beispielsweise ist der Kundentyp B2) in der Realität nur selten anzutreffen. Es gibt nur wenig Privatanleger, die Anzeigen lesen und auf Performance und geringe Gebühren achten. Anzeigen zu schalten ist jedoch teuer und setzt eine hinlänglich grosse Gruppe von Interessenten mit diesem Informationsverhalten voraus. Deshalb dürfte ein Anbieter scheitern, der durch Werbung Bekanntheit aufbaut und gleichzeitig Produkte guter Qualität (Performance) anbietet und sich als „low cost player“ positioniert. Genau das hatte im Schweizer Markt die Unternehmung Profitline versucht. Die Profitline war in allen Zeitungen und immer wieder durch teils ganzseitige Anzeigen präsent, bot eine Vorauswahl (guter) Anlagefonds an und hat keine Depotgebühr verlangt. Die erhobenen Gebühren für den Kauf der Fonds waren gering und es gab Sonderaktionen mit weiteren Preisnachlässen. Das Konzept war vorbildlich umgesetzt worden und aus Sicht der Gestaltung des Angebots und der Organisation effizient organisiert. Nur leider ist das Zielsegment B2) kaum besetzt. Inzwischen hat Profitline den Betrieb eingestellt.

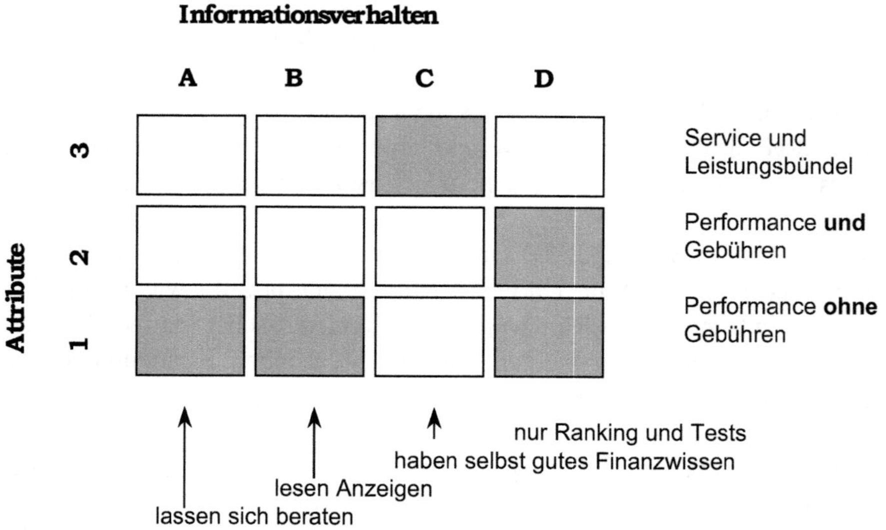


**Abb. 2.** Die aufgrund der vier Cluster von Informationsverhalten und der drei Cluster von Einstellungen zu den Attributen möglichen 12 Segmente und die Darstellung

Voll besetzt sind nur die Segmente A1), B1), D1), D2) und C3). Deshalb gibt es im Anlagegeschäft die genannten *fünf* Kundensegmente. Sie sind gewisse Kombinationen von Informationsverhalten und Einstellung zu Attributen – sieben der zwölf möglichen Kombinationen treten kaum auf. Die Repräsentanten dieser fünf Segmente können so bezeichnet werden: Der Schalterkunde A1), der Anzeigenleser B1), der Rankingleser D1), der Bastler D2), der Smarty C3).

Kunden in drei der fünf Segmente (A1, B1, D1) achten weder genau auf Gebühren noch auf das Leistungsbündel. Sie unterscheiden sich eigentlich nur durch ihr Informationsverhalten. Die Vermögensverwaltung muss sich darauf einstellen, wenn sie Kunden in einem oder in mehreren dieser Segmente erreichen möchte. Die fünf Segmente sind etwa gleich gross (Kopfzahl), jedoch sind im Segment Smarty C3) eher wohlhabende Privatanleger anzutreffen. Das ist offensichtlich das Segment, an das sich der Private Banker primär wendet. Bei diesem Segment C3) ist das Leistungsbündel wichtiger als die Gebührenhöhe. Bei diesem Segment muss die Vermögensverwaltung beachten, dass diese Kunden über die Geldanlage „schon alles wissen" und doch noch Informationen wünschen, aber vor allem Informationen über das Leistungsbündel in Tiefe, Breite und Qualität.

| | |
|---|---|
| **Schalterkunde (A1)** | lässt sich gern beraten<br>achtet nicht so genau auf Gebühren |
| **Anzeigenleser (B1)** | liest Anzeigen<br>achtet nicht so genau auf Gebühren |
| **Rankingleser (D1)** | studiert Vergleiche und Tests<br>achtet nicht so genau auf Gebühren |
| **Bastler (D2)** | studiert Vergleiche und Tests<br>achtet auf Gebühren |
| **Smarty (C3)** | verfügt selbst über Finanzwissen<br>achtet auf das Leistungsbündel |

**Abb. 3.** Die fünf verbleibenden Kundensegmente in der Vermögensverwaltung für Privatkunden als gewisse Kombinationen von Informationsverhalten und Einstellung zu Attributen.

## 4 Produkt- und Bedienungspolitik

Das CCM und seine Kalibrierung bietet den Banken und Vermögensverwaltungen eine gewisse Auswahl an Kundensegmenten, auf die sie sich mit ihren Produkten und Dienstleistungen einstellen können.

Eine für Banken und Vermögensverwaltungen gute empirische Erkenntnis ist die, dass die Mehrheit der Kunden nicht besonders auf Gebühren achtet und sich nur nach der Informationsquelle unterschiedet. Das sind die drei Segmente der typischen „mittleren" Bankkunden. Entweder wünschen sie Beratung, sei es am Schalter oder durch den Besuch bei ihrem Kundenbetreuer. Oder es sind Kunden, die zwar wenig Beratung durch Personen wünschen, die aber immer wieder in den Zeitungen lesen und über die Medien erreicht werden können. Hierzu gehören Personen, denen über die Medien der gute Name der Bank nahe gebracht wird. Es sind auch Personen, die schriftliche Unterlagen und Broschüren wünschen. Schliesslich gibt es Kunden, die weder ein Gespräch noch eine Broschüre wünschen, die aber technische Informationen schätzen: Das sind Performance-Berichte und Finanzanalysen und Reporte. Augenscheinlich sind die Regional- und Kantonalbanken in diesen drei Segmenten mittlerer Anlagekundschaft sehr gut vertreten. Als Universalbanken bieten sie einerseits Beratungsgespräche, andererseits sind sie in den Medien präsent und zudem stellen sie technische Berichte bereit. Erwähnenswert ist nur die Tatsache, dass kein Kunde alle drei Informationsquellen für sich nutzt. Alle drei Segmente wünschen „gute Geldanlage" (Performance), doch sind sie nicht so sensitiv, was das Pricing betrifft.

Noch zwei weitere Segmente spielen in der Vermögensverwaltung eine Rolle: Da sind zunächst Personen welche, wiederum auf technische Berichte, Vergleiche, Tests, Finanzanalysen und Reporte ansprechen, doch die diesmal neben dem Wunsch nach der „guten Geldanlage" (Performance) ausgesprochen kritisch auf die Kosten achten, die ihnen entstehen. Dieses Segment kann mit den eben genannten Segmenten unverträglich sein und verlangt unter Umständen eine organisatorische Ausgliederung. Denn jeder zusätzliche Service, jedes Angebot einer persönlichen Beratung und schon der durch Werbung und Medienpräsenz aufgebaute Name des Anbieters wird von Personen dieses Segments (Bastler D2) als abschreckendes Signal wahrgenommen. Denn sie befürchten, für diesen Service letztlich zahlen zu müssen. Sie suchen den No-Name-Anbieter, der gute Qualität ohne weitere Extras wie ein Discounter auf den Vertriebsweg bringt.

Das für das Private Banking interessanteste Segment C3) setzt ein volles Funktions- und Leistungsbündel voraus. Es kann deshalb organisatorisch ratsam sein, das Private Banking so auszugliedern, wie in anderen Servicebereichen Klassen, die nicht nur unterschieden, sondern auch „räumlich“ getrennt werden. Informatorisch sind diese Kunden schwer erreichbar, weil sie weder auf fachliche Beratung noch auf Medienpräsenz noch auf technische Reports besonders ansprechen. Sie vertrauen ihrem eigenen Wissen und treffen darauf basierend ihre Entscheidung. Doch der Private Banker kann sie überzeugen, indem er sein Funktions- und Leistungsbündel unter Beweis stellt.

Drei „Ebenen“ kommen daher bei der Vermögensverwaltung zur Geltung.

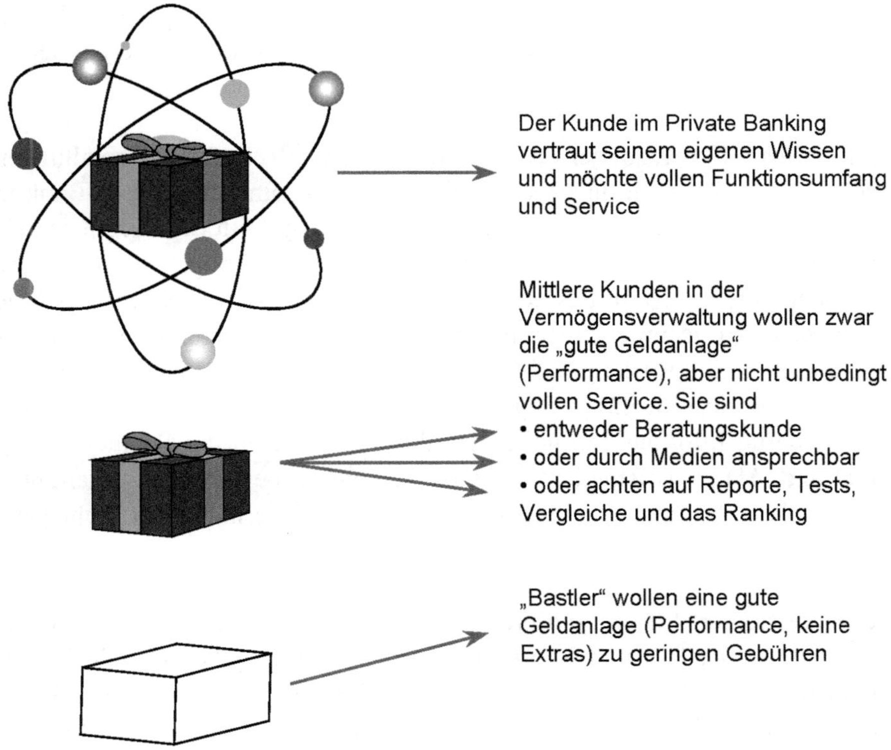


**Abb. 4.** In der Vermögensverwaltung bieten sich drei Ebenen an; in der mittleren Ebene werden die drei Kundensegmente A1), B1) und D1) bedient, die sich nur hinsichtlich des Informationsverhaltens unterschieden. Im oberen Segment C3) und im unteren Segment D2) spielen andere Einstellungen zu den Attribute die dominante Rolle.

Natürlich spielt in der Vermögensverwaltung die *Risikotoleranz* des Anlegers eine wichtige Rolle. Hier wurde entdeckt, dass gewisse Einstellungen dem Risiko gegenüber korreliert sind mit anderen Merkmalen der Person. Beispielsweise haben empirische Untersuchungen immer wieder eine positive Korrelation der Risikotoleranz mit dem Wissensstand zu Tage gebracht. Personen im Segment C3, deren Informationsverhalten durch den Rückgriff auf eigenes Wissen geprägt ist, dürften daher in der Regel eine höhere Risikotoleranz haben als Personen, die – aus welchen Gründen auch immer – eher andere Informationsquellen nutzen und sich weniger auf eigenes Wissen verlassen. Auch wurde entdeckt, dass Personen – der Banker nennt sie „Zinsfuchser“ – die sehr genau auf die ihnen entstehenden Kosten achten, oftmals dem Risiko gegenüber eine abweisende Haltung einnehmen. So darf gesagt werden, dass die in Abb. 4 gezeigten Ebenen ebenso drei Ebenen des Exposures zeigen. Unten sind die Sparprodukte, in der Mitte die Renditeprodukte, oben die für Kapitalwachstum konzipierten Produkte.

Alle diese Überlegungen zeigen, dass einige Vermögensverwaltungen schon heute gut positioniert sind: Die Postfinance und die Migros-Bank in der Schweiz etwa bedienen eine Kundschaft, die gut mit dem Segment D2) übereinstimmt. Diesen Institutionen können glaubwürdig, was für dieses Segment wichtig ist, ihre Niedrigpreispolitik signalisieren. Niemand würde hier eine ausgesprochen breite Angebotspalette und eine hohe Beratungsintensität erwarten. Auf der anderen Seite sind diese Anbieter von Financial Services in ihrem Segment gefangen. Denn sollten sie beginnen, die anderen Informationsquellen zu aktivieren, um in die Segmente A1), B1) und D1) „aufzusteigen“, könnten sie sehr schnell ihrer angestammten Kundschaft das negative Signal aussenden, dass sie nun nicht mehr ganz kostengünstig seien.

Gut positioniert für die mittlere Kundschaft sind Banken, die sich auf die Segmente A1), B1) und D1) konzentrieren. Hierzu gehören viele Regionalbanken und die Kantonalbanken in der Schweiz. Ebenso ist hier HSBC (nach eigenem Bekunden die weltweite „lokale“ Bank) sehr gut positioniert. Diese Banken hätten dann Mühe, wenn sie die „untere“ Kundschaft auch ansprechen wollten – die im Segment D2) verlangten Signale zu Niedrigpreisen können sie nicht glaubwürdig im eigenen Haus zeigen. Ebenso hätten sie Mühe, Kunden im Segment C3) anzusprechen. Hierzu genügt nicht eine weitere Etage, ein roter Teppich und das „persönliche Geschenk", wenn der volle Leistungsumfang fehlt weil die Produkte immer noch die sind, mit denen die Segmente A1), B1) und D1) bedient werden.

Der typische Private-Banking-Kunde hingegen verfügt über Finanzwissen und vertraut diesem stark, verlangt ein volles Sortiment und Servicebündel. Im Bereich der Geldanlage kann das nur heissen: eine international tätige Bank oder eine Bank mit weltweitem Netzwerk. Das eine ist die UBS, der sicher ein jeder Kunde abnimmt, dass sie ein volles Sortiment und Leistungsbündel anbieten kann. Ein Beispiel für das Netzwerk ist die Bank Gutmann (Wien), die mit zahlreichen Finanzdienstleistern in den USA und in Asien sowie mit Forschungseinrichtungen kooperiert und diesen virtuellen Zugriff auf das Potenzial an Möglichkeiten ihren Kunden gegenüber glaubhaft zeigen kann. Nicht funktionieren im Segment C3) würde das Konzept, eine „kleine aber feine" Privatbank zu konzipieren, die Edles anbietet, aber letztlich dem Kunden nicht die volle und in diesem Segment verlangte Leistungsbreite direkt oder indirekt erschliesst.

# 5 Fazit

Auch in der Vermögensverwaltung gilt heute das Gebot, die Strategie aus den Kundenwünschen abzuleiten. Die üblichen Umfragen zu den Kundenwünschen gehen jedoch nicht segmentspezifisch vor und liefern Ergebnisse, die sich wenig für die Strategiebildung eignen. Versprechend ist das Consumer Choice Model (CCM). Es geht von der Beobachtung aus, dass Privatpersonen nach einem Anreiz Aktivitäten entfalten (Abb. 1). Zunächst werden gewisse Informationsquellen gewählt – welche ist von Person zu Person verschieden. Dabei werden für die grundsätzlich in Frage kommenden Alternativen Attribute erhoben. Welche Attribute eine Person für wie wichtig hält ist wieder eine subjektive Einstellung. Schliesslich wird jene Alternative gewählt, bei der die Summe der mit den Gewichten versehenen Punkte am grössten wird, die für die Ausprägungen der Attribute vergeben werden.

Das CCM wurde aufgrund von, für die Vermögensverwaltung typischen, Fragen konkretisiert. In der Arbeit von Capon, Fitzsimons und Prince (1996) sind hierzu 3000 Personen befragt worden. Es zeigt sich, dass letztlich nur fünf Segmente verbleiben. Für diese Segmente wurden die entsprechenden Strategien erarbeitet. Dabei wurde berücksichtigt, dass gewisse Korrelationen bestehen, beispielsweise zwischen dem Informationsverhalten beziehungsweise der Neigung hinsichtlich der Relevanz der Preispolitik zur Risikotoleranz. Die fünf Segmente wurden detailliert beschrieben. Dabei wurden auch einige Beispiele für falsche Wege der Kundenorientierung aufgezeigt.

## Literatur

**Brinker, B., Sautter, M.T.** (1997). Mutual funds in Germany: Evaluating opportunities, The McKinsey Quarterly 2, pp. 196-200

**Capon, N., Fitzsimons, G.J., Prince, R.A.** (1996). An Individual Lever Analysis of the Mutual Fund Investment Decision, Journal of Financial Services Research 10, pp. 59-82

**Gruber, M.** (1996). Another Puzzle: The Growth in Actively Managed Mutual Funds, Journal of Finance 51, pp. 783-810

**Gupta, S.** (1988). Impact of Sales Promotions on When, What, and How Much to Buy, Journal of Marketing Research 25, pp. 342-355

**Fishbein, M., Azjen, I.** (1975). Belief, Attitude, Intention, and Behavior. Addison-Wesley, Reading MA

**Ippolito, R.A.** (1992). Consumer Reaction to Poor Quality: Evidence from the Mutual Fund Industry, Journal of Law and Economics 35, pp. 45-70

# Profilveränderung des Privat Bankers: Zunehmende Bedeutung des Customer-Relationship-Marketing

**Hans Rüdiger Kaufmann**

Prof. Dr.; Institut für Finanzdienstleistungen, Fachhochschule Liechtenstein

## 1 Einleitung

Die Arbeit beleuchtet die Bedeutung der „Beziehungen" für die Bewältigung von aktuellen Herausforderungen am Beispiel des Finanzplatzes Liechtenstein. Das Konzept der Beziehungen findet zunehmend interdisziplinäre wissenschaftliche Beachtung. Beziehungen sind Teil, oft sogar der Kern von Marketing-, soziologischen oder psychologischen Konzepten. Sie handeln von Faktoren für erfolgreiche Netzwerke, die auf Vertrauen und gegenseitiger Einsatzbereitschaft basieren (Morgan und Hunt, 1994). Sie sind wichtig und fundamental für die Art und Weise des Denkens, Handelns und der Persönlichkeitsentwicklung. Ihr Wirkungsgrad erstreckt sich dabei auf verschiedene Ebenen: die Makroebene, die Unternehmensebene und die individuelle Beraterebene. Die Bedeutung der Beziehungen scheint im allgemeinen Sprachgebrauch zwar bekannt zu sein, die Ausprägungen der konsequenten praktischen Anwendung auf der Makro-, der Unternehmens- und der Beraterebene und deren inhaltliche Verknüpfung sind bisher jedoch noch relativ wenig erforscht. Als ein alle Ebenen integrierendes Paradigma wird dabei das mikro-soziologische Identitätskonzept erachtet. In der interdisziplinären Synthese mit anderen Konzepten aus den Bereichen des Managements, Marketings und der Psychologie trägt es massgeblich dazu bei, die theoretische Bedeutung von Beziehungen auf allen drei Ebenen zu strukturieren und zu operationalisieren.

Identität wird definiert als das zentrale Verhaltens- und geistige Repertoire eines Menschen. Identität ergibt sich dabei aus strukturierten Beziehungen, wobei die Beziehungsrollen sowohl zugewiesen als auch akzeptiert werden müssen (Rosenberg und Kaplan, 1992). Dabei unterscheidet man soziale, charakterliche und existenzielle Rollen (Burke, 1991). Auf der Basis dominanter Persönlichkeitsrollen, die sich beispielsweise aus der Erziehung oder dem Erleben besonders prägender Ereignisse und Selbst-Konzeptionen ergeben (Welbourne und Cable, 1995), erfolgt die Interpretation von Informationen und Ereignissen und in deren Folge die Handlungen eines Menschen.

## 2 Gebotene Dringlichkeit

In den vergangenen Jahren und Monaten deuteten die Entwicklungen auf dem Finanzplatz Liechtenstein auf die gebotene Dringlichkeit für ein Umdenken auf allen drei Ebenen hin: FATF Liste, die notwendige Erfüllung der Bedingungen für den Status des „Qualified Intermediaries“ (Know your Customer Rule), „Voluntary Disclosure Policy“, gestiegener internationaler Wettbewerb, internationaler politischer und wirtschaftlicher Druck, Trend zur internationalen Steuerharmonisierung, reduzierte Gewinnmargen, unsichere Entwicklung des Treuhandsektors, Zukunft des Bankgeheimnisses und die in diesem Zusammenhang eingeleiteten Massnahmen auf dem Finanzmarkt Liechtenstein im Bereich des Sorgfaltspflichtgesetzes, der Stärkung der Finanzmarktaufsicht, des Compliance Managements, des Brandings des Finanzplatzes („Image Liechtenstein“) sind nur einige wenige Beispiele der am häufigsten diskutierten Themen. Bei mangelnden proaktiven, strategischen und kooperativen Antworten auf diese Entwicklungen kann die Gefahr des Verlustes von Standortvorteilen und der Wettbewerbsfähigkeit des Finanzplatzes sowie eine mögliche Isolation und in deren Sog eine mögliche Identitätskrise drohen. Um diesen äusserst ernsten möglichen Konsequenzen vorzubeugen und entgegenzuwirken, sollte die Identität auf der Makro-, der Unternehmens- sowie der individuellen Beraterebene nachhaltig gestärkt werden. Der Austausch von Beziehungsfaktoren wird als so wichtig bezeichnet, dass er als Ressource bezeichnet werden kann und somit zu Wettbewerbsvorteilen führen kann (Hunt, 1995, 1997 und 2000). Dies kann auf der Makroebene durch konzertierte und synergistische Aktionen aller Teile der Wertschöpfungskette des Finanzplatzes und eine gestärkte nationale Identität, im Bereich der Unternehmensebene durch entsprechende neue beziehungsfokussierte Geschäftsmodelle und Strategien, sowie auf der Beraterebene durch ein geändertes Profil des Private Bankers/Vermögensverwalters in Hinblick auf Beziehungsmarketing geschehen. Es versteht sich von selbst, dass in einem offenen, überlebensfähigen System, das der Finanzplatz als Ganzes darstellt, sich die drei Ebenen beeinflussen und interagieren. Zusammenfassend lässt sich der Zusammenhang in der folgenden Graphik darstellen.

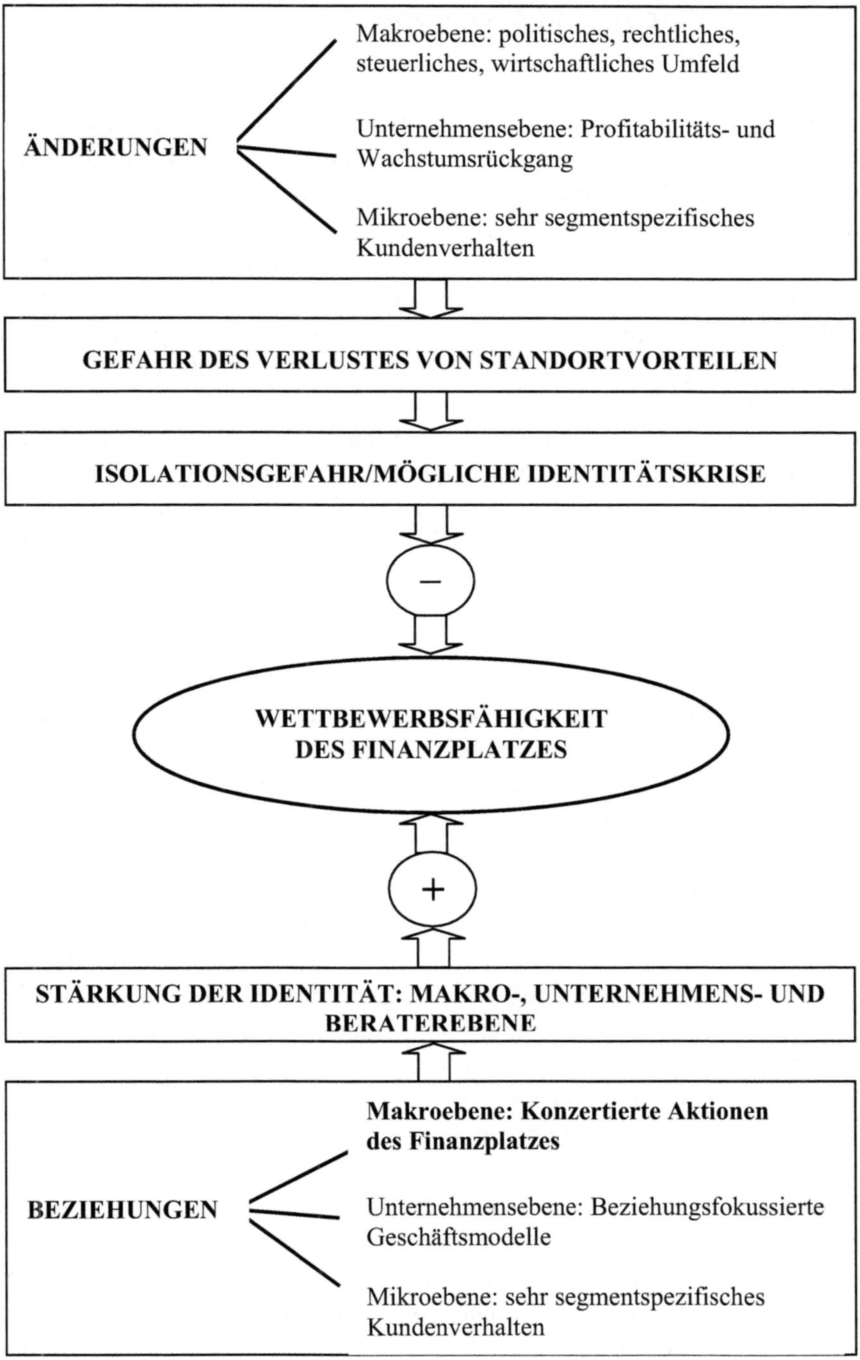


**Abb. 1.** Identität und Wettbewerbsfähigkeit

# 3 Beziehungen und Makroebene

Im sozialen Bereich (Makroebene) sind Beziehungen ein Schlüssel zur Erklärung der ethnischen Identität eines Landes. Grundlegende Belange zwischenmenschlicher Beziehungen werden dabei auf Elemente des instrumentalen Verhaltens sowie des Ausdrucksverhaltens untersucht (De Vos und Romanucci-Ros, 1975). Instrumentales Verhalten bezieht sich beispielsweise auf den „Willen, etwas zu erreichen", dem als Pendant ein „Passives sich Zurückziehen" gegenübersteht. Im positiven Sinne äussert sich dieses Verhalten in einer „Zielorientierung" sowie in pro-aktiv entwickelten Strategien zur internationalen Neupositionierung des Finanzplatzes. Im negativen Sinne könnte ein ausschliessliches Beharren auf bestehenden aber gefährdeten Standortvorteilen wie Bankgeheimnis oder Steuervorteile oder ein durch externen Druck erzeugtes Reagieren auf Veränderungen genannt werden. Als weiteres Beispiel eines positiven instrumentalen Verhaltens dient das Vorhandensein des Bewusstseins einer eigenen Kompetenz oder Fähigkeit, wie beispielsweise die traditionelle Stärke und Reputation des Finanzplatzes Liechtenstein im Private Banking und Treuhandsektor oder die Fähigkeit zu kurzen Entscheidungswegen. Das andere Polende bezieht sich auf das „Empfinden einer Unfähigkeit", auf Veränderungen entsprechend reagieren zu können. Vor dem Hintergrund der aktuellen Diskussion um die Zukunft der „Offshore" Finanzplätze ist die Fähigkeit zur Entwicklung neuer und kreativer „Onshore" Finanzprodukte dringend gefordert. Ein weiteres Beispiel instrumentalen Verhaltens der Mitglieder der Finanzdienstleistungswertschöpfungskette, die auch Vertreter des Gesetzgebers und der Erziehung/Aus- und Weiterbildung einbezieht, gilt die „Gegenseitigkeit im Wettbewerb". Als positive Ausprägung dieses Faktors gilt ein „Regulierter Wettbewerb". Das Beispiel „Finanzplatz Liechtenstein" erfordert diesbezüglich ein pro-aktives Anpassen an internationale gesetzliche Standards (bei Wahrung bestehender Wettbewerbsvorteile), um das negative Polende „Kapitulation" im Sinne eines Verlustes von internationaler Wettbewerbsfähigkeit mit negativen sozialen und wirtschaftlichen Folgen für die Nation zu vermeiden.

Ausdrucksverhalten, das grundlegende Belange zwischenmenschlicher Beziehungen reflektiert, ist beispielsweise ein Verhalten, das einerseits von „Intimität gegenüber jemandem/Vereinigung mit jemandem" oder „Wertschätzung von anderen/Anerkennen eines Status" und andererseits von „Verlustgefühl durch Zurückweisung oder Trennung" sowie „Degradierung" gekennzeichnet ist. Während sich ersteres auf Doppelbesteuerungsabkommen, Partnerschaft innerhalb der nationalen Wertschöpfungskette, internationale strategische Allianzen, den Umgang der sozialen Gruppen untereinander oder mit sozialen Randgruppen, die Anerkennung Liechtensteins als autonomer Staat und die Verbesserung des Images des Finanzplatzes beziehen könnte, entstand letzteres Gefühl durch das Aufnehmen Liechtensteins in die FATF Liste. Der Einfluss der nationalen Identität kann somit als eine wichtige Rahmenbedingung für die Wettbewerbsfähigkeit der Finanzdienstleistungsunternehmen und deren Dienstleistungsqualität bezeichnet werden. In diesem Zusammenhang erscheint eine staatliche Katalysatoren- und Unterstützungsfunktion als sehr sinnvoll. Vorstellbar sind die Einrichtung entsprechender Arbeitsgruppen und Diskussionsforen, sowie die finanzielle Förderung von Aus- und Weiterbildungsprogrammen.

## 4 Beziehungen und Unternehmensebene

In einer Zeit der Produktnivellierung im Private Banking gewinnt die Entwicklung neuer Geschäftsmodelle und Strategien eine herausragende Bedeutung. Diese neuen Geschäftsmodelle sollten auf Beziehungen mit dem externen und internen Markt fokussieren. Langfristige, interaktive, bilaterale und multilaterale, profitable sowie strategische Beziehungen (Winwood, Sandrock und Bianchi, 1994) sollten aufgebaut und gefestigt werden mit High Net Worth oder Ultra High Net Worth Individuals, den Partnern der Wertschöpfungskette und strategischen Allianzen sowie mit den Customer Relationship Managern im Private Banking. Die Qualität der Beziehungen wird künftig als ein differenzierender Positionierungs- und Wettbewerbsfaktor für Finanzdienstleistungsunternehmen angesehen. Die Werte der Kunden werden zum Orientierungspunkt des betrieblichen Planens und Handelns. Eine möglichst hohe Übereinstimmung der Werte der verschiedenen Beziehungspartner eines Unternehmens könnte man als Alleinstellungsmerkmal (USP) dieses Unternehmens bezeichnen.

Nachteilige, für die Profitabilität negative externe Effekte können durch ein kooperatives auf gegenseitigen Nutzen ausgerichtetes Beziehungsnetzwerk gemildert werden. Beziehungen entwickeln sich im Laufe der Zeit in Prozessen und Phasen (Dwyer, Schurr und Oh, 1987), und ihr Bestand und Eigentum muss vom Unternehmen nachhaltig gesichert werden. Langfristige Kundenbeziehungen sind das Lebenselixier eines Unternehmens und sichern seinen Fortbestand. Ausserdem schont das Unternehmen Energien, wenn es sich in erster Linie auf den Erhalt und Ausbau bestehender Beziehungen fokussiert, ohne jedoch die Neuakquisition zu vernachlässigen. Eine gut entwickelte und gepflegte Ressource „Beziehungen“ macht es den Wettbewerbern unmöglich, sie einfach aufzukaufen oder zu kopieren und ist, wie das Konzept des „Customer Life Time Values“ belegt, auch profitabler für das Unternehmen.

Gerade „Global Finance“ mit einer atemberaubenden Dynamik und zunehmenden Komplexität erfordert den Schulterschluss zwischen Berater und Kunde in einer auf Vertrauen, internationalem und kulturellem Know-How und gegenseitiger Einsatzbereitschaft beruhenden Beziehung. Diese Erkenntnis spiegelt sich in beziehungsfokussierten Geschäftsmodellen oder in der steigenden Bedeutung des Beziehungsmarketings wider. Beziehungen sind deshalb so wichtig für ein Unternehmen, weil sie die immer kürzer werdenden Produktlebenszyklen oder selbst die Markentreue transzendieren.

In Bezug auf die Kongruenz zwischen Markenidentität, Unternehmensidentität und Kundensegmentidentität (siehe Data-Mining) fokussiert auch das Branding sowohl im Direkt Marketing als auch im Massenmarketing auf Werte und somit auf den Kern des Beziehungskonzeptes. Ein komplementärer Einsatz von Beziehungsmarketing und Markenpolitik ist somit sehr empfehlenswert. Besonders in Bezug auf Kundennutzen, der im wesentlichen sozial ist, auf einem Austausch zwischen Firmen und Endkunden beruht und besonders für Nonprofit-Organisation anzuwenden ist, stellen Arnett, German und Hunt (2003) die These auf, dass die dominante Identitätsrolle ein wichtiger Faktor ist, der insbesondere Beziehungen beeinflusst, die primär einem sozialen Austausch unterliegen.

Beziehungen sollten als das wichtigste Anlagegut betrachtet und entsprechend strategisch geplant werden. Neben hoch qualifizierten Mitarbeiterinnen und Mitarbeitern stellen Private Banking Kunden die Kronjuwelen eines Finanzdienstleistungsunternehmens dar. Nur eine vertrauensvolle, auf die individuelle Persönlichkeit des Kunden ausgerichtete Beratung schafft Kundenzufriedenheit, besser noch Kundenbegeisterung und letztlich Marktanteilsgewinne.

Darüber hinaus gilt es als weitere Konsequenz, insbesondere für Dienstleistungsunternehmen, ein besonderes Augenmerk auf die Unternehmenskultur zu legen. Christopher, Payne und Ballantyne (1991) deuten auf den grundlegenden Zusammenhang zwischen internen und externen Beziehungen hin. Ein attraktives Unternehmenscharisma resultiert aus guten internen Beziehungen. Da die Wettbewerbsdynamik eine Bereitschaft der Mitarbeiterinnen und Mitarbeiter zum, und Offenheit für den Wandel impliziert, ist ein Transformations-Leadership gefordert, das den Mitarbeiterinnen und Mitarbeitern, Zukunftsvisionen, neue Denkanstösse und neues Problemlösungspotential sowie Motivationshilfen gibt.

Entsprechend einer konsequenten Reorganisation des Unternehmens mit Beziehungen als dem wichtigsten Organisationskriterium sollte modernste Informations- und Kommunikationstechnologie das Beziehungsmanagement durch die Zurverfügungstellung von entscheidungsrelevanten und kundensegmentbezogenen Informationen diesen Prozess massgeblich unterstützen. Dies ist umso wichtiger, bedenkt man dass ein durch das Internet geändertes Informationssuch- und Kaufverhalten des Private Kunden heute wesentlich höhere Anforderungen an das Beratungswissen und -verhalten stellt. Das virtuelle Finanzgeschäft oder E-Business ist ein wertvolles Mitglied einer Multi-Vertriebskanalstrategie. Folgendes Geschäftsmodell fasst die unternehmerische Ausrichtung auf die Ressource „Beziehungen“ zusammen.

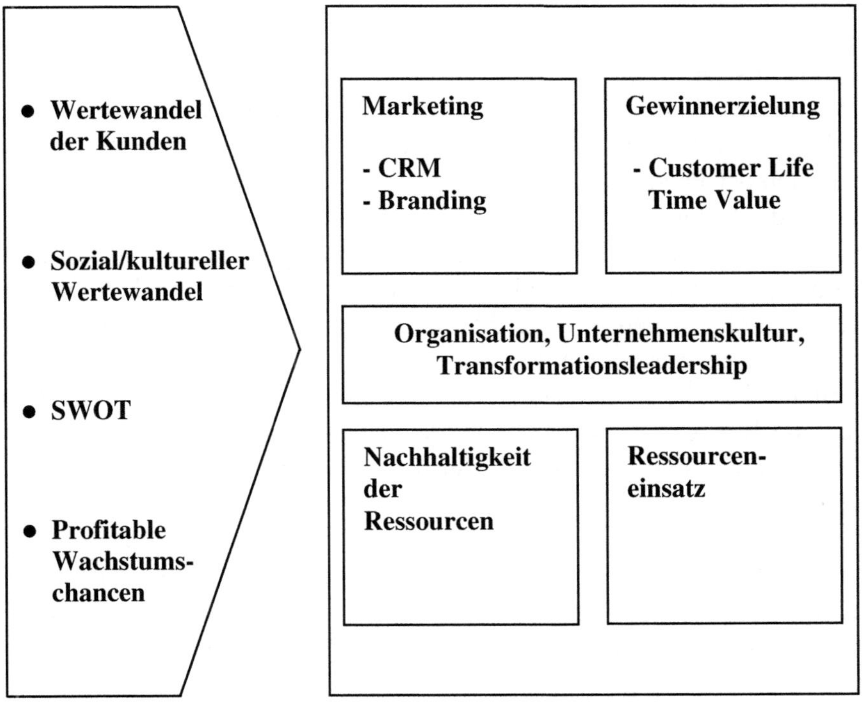


**Abb. 2.** Die Rolle der Beziehungen im Geschäftsmodell für das Private Banking
Quelle: entwickelt von Joas, A., 2002, 28. Münchener Marketing-Symposium, FGM Verlag, Arbeitspapier, Band 135, S. 30

## 5 Beziehungen und die internationale Beraterrolle

Die bisherigen Erläuterungen auf der Makro- und Unternehmensebene unterstreichen die Bedeutung eines hochqualifizierten Beratungsverhaltens im Private Banking. Während in anderen Branchen eine nach Kundensegmenten standardisierte Kundenansprache eher möglich ist, erfordert das Private Banking eine äusserst individuelle Beratung, die auf Empathie und massgeschneiderten Problemlösungen beruht, nach dem Motto: „Ihre Finanzprobleme möchten wir haben.“ Obwohl einige Versuche unternommen wurden (basierend auf Einkommen und psychographischen Faktoren) ist eine allgemein gültige Marktsegmentierung wegen den oft sehr individuellen und heterogenen Bedürfnissen im Private Banking nur sehr schwer möglich.

Bezogen auf die individuelle Beraterebene kann das Identitätsmodell einen wesentlichen Beitrag zur Ausbildung und zum Training von Private Bankern/Vermögensverwaltern für alle Phasen des Beziehungsmarketings leisten. Dies wird umso deutlicher, je mehr in einer Zeit des Strukturwandels die Bereitschaft zum lebenslangen Lernen und die Fähigkeit zur Anpassung an den Wandel in Betracht gezogen wird. Identität, die sich, wie erwähnt, durch Beziehungen definiert, wirkt sich auch im Bereich des Lernens und der Persönlichkeitsentwicklung aus. Aktuellen Umfragen zufolge liegen die Herausforderungen im Private Banking in der Entwicklung der Sozialkompetenz der Private Banker gleichrangig mit der Fachkompetenz. Häufig sitzt dem Private Banking Berater ein Kunde mit reicher und langjähriger Lebens- und Finanzerfahrung gegenüber. Diese Kunden möchten mit einem Partner verhandeln, der über ein ähnliches Erfahrungspotential verfügt, eine Forderung, die zu erfüllen insbesondere jüngeren Beraterinnen und Beratern oft schwer fällt. Dies ist umso mehr der Fall, je grösser der Handlungsspielraum ist, den der Kunde dem Berater beim Wealth Management überträgt.

Auch die Volatilität der Börsenkurse setzt an das Verhaltensportfolio des Beraters erhöhte Anforderungen. Besonders in wirtschaftlichen Stagnations- und Rezessionsphasen nimmt der Coaching-Bedarf des Kunden zu.

Eine notwendige Verhaltensänderung erfordert eine Neubewertung der dominanten Persönlichkeitsrollen und Erfahrungen mit neuen Beziehungen. Die Bedeutung der Beziehungen für den Wissensaufbau und die

Fähigkeit, Wissen anzuwenden, wird dadurch unterstrichen. Auf die heutige Situation angewandt, könnte diese Einsicht auf die Vermittlung und den Erwerb der Fähigkeit des kreativen, strategischen und pro-aktiven Denkens und Handelns bezogen werden. Ebenso kann das Modell zum anwendungsorientierten Erwerb der Fähigkeiten eines globalen Managers und Bankers angewandt werden, wie in Abb. 3 dargestellt ist. Persönlichkeitswachstum erfordert zunächst eine Reflektion auf vorhandene Persönlichkeitsrollen. Wertvolle Einblicke in die gegenwärtige Persönlichkeitsstruktur können beispielsweise reflektive Modelle und Tools wie die Transaktionsanalyse und der Myer Briggs Test (MBTI) liefern. Weitere analytische Unterstützung wird durch die Ermittlung der gegenwärtigen Identitätsmerkmale der Private Banking Beraterinnen und Berater zur Verfügung gestellt. Darauf aufbauend werden die künftigen erstrebenswerten Identitätsfaktoren als Basis für das Erwerben und Anwenden eines neuen Verhaltensrepertoires sozusagen als „Wegweiser“ oder finales Ziel der Aus- und Weiterbildung ermittelt. Den Input hierfür können beispielsweise Modelle und empirische Forschungen aus dem Private Banking, dem Internationalen Management, Leadership, Marketing, Ethik und philosophischen Quellen liefern. Um eine nachhaltige Verhaltensänderung zu erzielen, ist eine kontinuierliche Motivation der Mitarbeiterinnen und Mitarbeiter unerlässlich. Um insbesondere die unternehmerischen Charakterrollen des Private Banking Beraters zu fördern, sind sowohl extrinsische (z.B. Erfolgs- und Gewinnbeteiligung, attraktives Gehalt), im besonderen aber intrinsische (z.B. weitreichende Entscheidungskompetenzen) Motivationsfaktoren einzusetzen.

Darüber hinaus empfiehlt sich die synergetische Unterstützung in Form von Trainern aus dem Erziehungsbereich oder von Verbänden mit entsprechendem Erfahrungshintergrund und durch Datenpools.

Rückblickend auf Praxiserfahrungen des Autors und aktuelle empirische Erhebungen erscheinen neben der unabdingbaren Fach- und Methodenkompetenz im Bereich des International Wealth Managements folgende Profile und Identitätsrollen eines/einer Private Bankers/in erstrebenswert. Wie bereits erwähnt, sollten Aus- und Weiterbildungsprogramme die Erlernung und Anwendung dieser Identitätsrollen als Lernziele enthalten und mit entsprechenden Lernmethodiken der Erwachsenenbildung vermitteln.

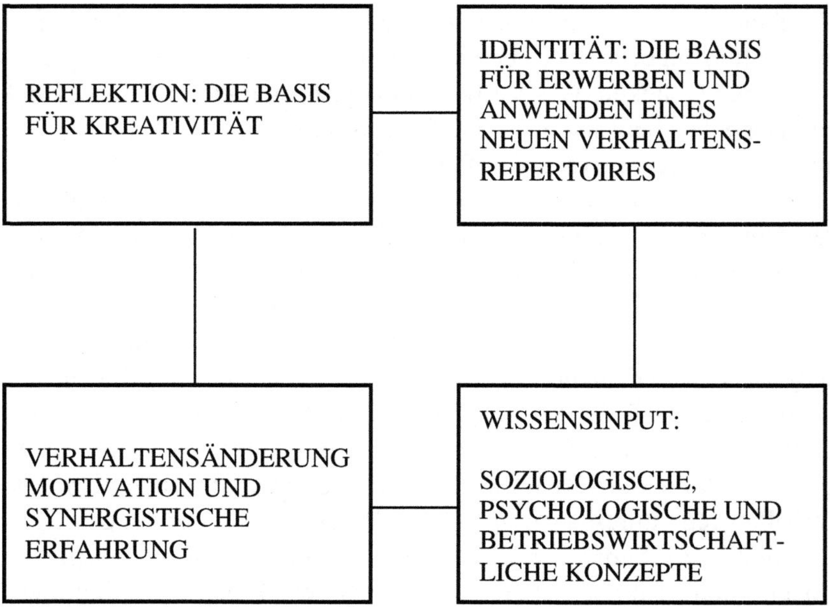


**Abb. 3.** Erziehung und seine „Peers“

1. Existentielle Identifikation

   – Motiviert für den Wandel und lebensbegleitendes Lernen

   – innovativ und kreativ

   – Fähigkeit zur Bewältigung von Komplexität und Ambiguität

   – Stressmanagement Fähigkeiten

2. Charakterrollen

   – Allgemein: Charakterrollen, die an den Profilen unterschiedlicher Marktsegmente im Private Banking (z. B. Ultra High Net Worth Individuals, High Net Worth Individuals, Affluents, neuer und alter Reichtum, unternehmerisches Denken, Performance orientiert, konservativ, aggressiv) angepasst und flexibel angewandt und gelebt werden können – „gleiche Augenhöhe zwischen Kunde und Privat Banker/in“

- Sozialkompetent nach innen (Teamwork orientiert für konzentrierte Tätigkeiten z. B. im Bereich von Financial Planning, Family Offices und Stiftungen) und aussen (siehe Aufgaben im Marketing)

- interdisziplinär denkend und handelnd (z. B. Volkswirtschaft, Wirtschaftspolitik, Betriebwirtschaft, Finanztheorie, Verkaufspsychologie, interkulturelle Fähigkeiten, Behavioural Finance)

- globale und internationale Management Fähigkeiten (z. B. für die Entwicklung von Internationalisierungsstrategien Liechtensteiner Banken)

- beziehungsorientiert (aktives Zuhören, empathisch, problemlösungs- und dienstleistungsorientiert, werteorientiert)

- persönlich integer (siehe Ruf nach sozialer Verantwortung und die Entwicklung des Corporate Governance)

3. Soziale Identifikation

   - Um die Erlernung und Anwendung der existenziellen Charakterrollen zu unterstützen wird Private-Banking-Beraterinnen und -Beratern empfohlen, soziale Rollen in entsprechenden Institutionen, Clubs, Verbänden, in denen auch Private-Banking-Kunden vertreten sind, wahrzunehmen (z. B. Unternehmensverbände, Lions Club, Rotary Club, Industrie- und Handelskammer, Golfclub)

## 6 Zusammenfassung

Die Arbeit stellt die These auf, dass das Identitätskonzept, das auf der Makro-, Unternehmens- und Beraterebene und auch zwischen den Ebenen anwendbar ist, einen wesentlichen Beitrag zum Erhalt und zur Verbesserung der Wettbewerbsfähigkeit des Finanzplatzes Liechtenstein leisten kann. Die Makroebene sollte durch eine entsprechende ethnische Identität, die sich an den Grundbelangen menschlicher Beziehungen orientiert, als Katalysator für die beiden anderen Ebenen wirken. Die Unternehmensebene sollte sich auf beziehungsfokussierte Geschäftsmodelle und Strategien, sowie eine diesen Prozess unterstützende Unternehmenskultur konzentrieren. Bezogen auf die Beraterebene sollten entsprechende Identitätsrollen oder Profile, die sich an den stets wandelnden und sehr diversen Bedürfnissen der Private Banking Kundinnen und Kunden orientieren, in Aus- und Weiterbildungsprogrammen vermittelt werden. Es wird vorgeschlagen, die getroffenen Aussagen noch spezifischer auf den Finanzplatz Liechtenstein und eventuell die Schweiz zu beziehen. In quantitativen und qualitativen Forschungsprojekten, in die alle drei Ebenen und alle Vertreter der Wertschöpfungskette integriert werden, sollten die für das Private Banking relevanten Identitätsfaktoren erhoben werden.

## Literatur

**Arnett, D., German, S., Hunt, S.** (2003). The Identity Salience Model of Relationship Marketing Success: The Case of Nonprofit Marketing, Journal of Marketing, Vol. 57, pp. 89-105

**Burke, P.J.** (1991). Identity Processes and Social Stress, American Sociological Review, 56, pp. 836-849

**Christopher, M., Payne, A., Ballantyne, D.** (1996). Relationship Marketing, Oxford: Butterworth-Heinemann Ltd.

**De Vos, G., Romanucci-Ross, L.** (1975). Ethnic Identity: Cultural Continuities and Change, USA, Mayfield Publishing Company

**Dwyer, R., Schurr, P., Oh, S.** (1987). Developing Buyer-Seller-Relationships, Journal of Marketing, 51, pp. 11-27

**Hunt, S.D., Morgan, R.M.** (1995). The Comparative Advantage Theory of Competition, Journal of Marketing, 59, pp. 1-15

**Hunt, S.D.** (1997). Competing through Relationships: Grounding Relationship Marketing in Resource-Advantage Theory, Journal of Marketing Management, 13 (3), pp. 431-445

**Hunt, S.D.** (2000). A General Theory of Competition: Resources, Competences, Production, Economic Growth, Thousand Oaks, CA: Sage Publications

**Joas, A.** (2002). 28. Münchener Marketing-Symposium, FGM Verlag, Arbeitspapier, Band 135, pp. 30

**Morgan, R., Hunt, S.** (1994). The Commitment and Trust Theory of Relationship Marketing, Journal of Marketing, pp. 20-38

**Rosenberg, M., Kaplan, H.B.** (1992). Social Psychology of the Self-Concept, USA, Horlan Davidson

**Welbourne, M., Cable, D.** (1995). Group Incentives and Pay Satisfaction: Understanding the Relationship through an Identity Theory Perspective

**Winwood, M., Sandrock, M., Bianchi, A.** (1994). Determination of Factors Influencing Positive Growth in SMEs, in: Massy, J., Harrison, J., Plassey, J., The Impact of Relationship Management Limerick: Management & Technology Center

# Behavioral Finance im Private Banking

**Alfons Cortés**

Delegierter des Verwaltungsrates der UNIFINANCE AG, Sevelen

Advisor to the Board bei der LGT Capital Management AG, Pfäffikon/CH und Vaduz/FL

## 1 Einleitung

Der vom Veranstalter gewählte Titel lässt aufhorchen: Gibt es etwa eine Segmentierung von Behavorial Finance für Analysten, für institutionelle Anleger, im Private Banking usw.? Oder ist Behavioral Finance eine die verschiedenen Segmente und Sparten im Finanzwesen übergreifende Wissenschaft?

In der Anfangsphase ihrer Existenz befasste sich Behavioral Finance mit der individuellen Entscheidungsfindung der Marktteilnehmer. Aufgedeckt wurden systematische Kognitionsproblematiken. In der nächsten Entwicklungsstufe fand die attributionstheoretische Forschung Eingang: auf welche Ursachen lassen sich die Handlungen der Marktakteure zurückführen? Gleichzeitig wurde die komplexe Dualität individueller Entscheidungsfindung mit sozialen Einflussfaktoren ins Spiel gebracht. Behavioral Finance ist somit ein kognitionswissenschaftlicher Ansatz, der das Ziel verfolgt, realitätsnahe finanzwissenschaftliche Theorien ohne künstliche Trennung zwischen einzelnen Sparten des Finanzwesens hervorzubringen. Sie ist auf der Suche nach einer umfassenden Theorie der Handlungsweise einer statistisch relevanten Teilnehmergruppe an den Finanzmärkten. Für den Anlass, der zu diesem Aufsatz führt, steht zunächst die Frage im Raum:

## 2 Handeln private Anleger grundsätzlich anders als institutionelle Anleger?

Im Verlauf ihrer langen Geschichte haben einschneidende Veränderungen an den Börsen stattgefunden.

*Wann beginnt die Geschichte der Börsen?*

Das dreibändige Werk von David Kynaston *The City of London* beginnt mit dem Jahre 1815. Charles P. Kindleberger geht in seinem Buch *Manias, Panics and Crashes* auf das Jahr 1720 zurück. Die ersten Börsendurchschnitte – mittlerweile sind zumeist kapitalisierungsgewichtete Indizes im Einsatz – wurden am 3. Juli 1884 von Charles Dow veröffentlicht. Seither gibt es zuverlässige Daten zur Ermittlung von Gesamtmarkttrends und Volatilitäten.

*Was hat sich seit 1884 verändert?*

Im Unterschied zu 1884 ist heute die Welt ein einziges Börsendorf. Das ist das Ergebnis der Entwicklung der Kommunikationstechnologie. Wer früher an einer Börse aktiv sein wollte, musste eine physische Präsenz in der Nähe eines Börsenplatzes etablieren. Je weiter die Kommunikationstechnologie fortschritt, umso weniger wurde räumliche Nähe zur Erlangung von Information signifikant.

Von grosser Bedeutung ist auch die Veränderung der Rechtsetzung. Zwischen der heute bestehenden Pflicht von kotierten Unternehmen, Information nach formalen und materiellen Kriterien zu verbreiten, und dem Behandeln von Informationen über börsenkotierte Unternehmen als reine Privatsache, vor allem vor Einführung der Securities and Exchange Commission 1933/34 klaffen Welten.

Die Börsenpopulation hat sich verändert. Vor hundert Jahren gab es kaum institutionelle Anleger. Mit Sicherheit waren Figuren wie John Pierpont Morgan und Bernard Baruch nicht als solche anzusehen. Im November 2002 publizierte Smith Barney eine auf Daten der Federal Reserve Bank basierende Zusammenstellung über die Verteilung von Aktienbesitz in den USA. Demzufolge befanden sich im ersten Quartal 1972 65,60% aller Aktien in der Hand privater Anleger. Im zweiten Quartal 2002 war diese Quote auf 37,75% geschrumpft.

Last but not least zu erwähnen ist das Thema Bildung. Die Wissenschaft begann sich erst Mitte der Dreissiger Jahre systematisch mit den Finanzmärkten zu beschäftigen. Das erste von an Universitäten lehrenden Wissenschaftlern zum Thema der Wertschriftenanalyse veröffentlichte Buch, nämlich *Security Analysis* von Benjamin Graham und David Dodd, erschien in erster Auflage 1934. Markowitz, Modigliani, Sharpe, die moderne Portfoliotheorie, Behavioral Finance seien als weitere Stationen der wissenschaftlichen Entwicklung schlagwortartig in Erinnerung gerufen, um die These zu stützen, heutige Anlegerinnen und Anleger seien finanztheoretisch gebildeter – so sie es wollen – als frühere Generationen.

*Und was hat sich an den Börsen verändert?*

Im wesentlichen nichts. Die Übertreibungen nach oben und unten, die nicht stabilen Korrelationen zwischen Preis und Wert, die Volatilitäten, sie alle haben sich in den von unterschiedlichen Theorien, Rechtsnormen, informationstechnologischen Entwicklungen geprägten Zeiten ebenso wenig verändert wie der Wandel in der Zusammensetzung der aktiven Börsenpopulation sich auf die Handlungsmuster der Börsianer ausgewirkt hat. Wahrscheinlich ist es sogar so, dass das Gros der Anleger trotz dem gewaltigen institutionellen Wandel der Börsen heute nicht erfolgreicher agiert als frühere Generationen zu irgendeiner Zeit. Insbesondere deutet alles darauf hin, dass keine eindeutige Trennlinie zwischen der Handlungsweise von privaten und institutionellen Anlegern verläuft. Die Reizschwelle für nach dem ökonomischen Rationalitätsparadigma nicht rationales Verhalten mag individuell unterschiedlich hoch sein – wenn sie überschritten wird, handeln jedoch allen Indizien zufolge private und institutionelle Anleger in gleicher Weise systematisch nicht rational.

## 3 Wie wirken Informationen auf das Anlegerverhältnis

In der Woche nach dem weltweiten Aktiencrash vom 19. Oktober 1987 versandte der an der Yale University lehrende Professor Robert Shiller an institutionelle und private Anleger einen Fragebogen mit zehn vorformulierten Fragen und Platz für eine zusätzliche Stellungnahme nach Belieben der Befragten. Die Fragen zielten darauf ab, herauszufinden, welchen Ursachen die Anlegerinnen und Anleger den Crash zuordneten und welche Folge diese Attribution auf ihre Handlungsweise hatte. Gebeten wurde darum, die Bedeutung der Fragen hinsichtlich ihrer Ursache für den Crash zu quantifizieren. Benotet wurde von 1 bis 7, wobei 1 für eine geringe und 7 für eine hohe Bedeutung standen. Bemerkenswerterweise unterschieden sich die Bewertungen der privaten und der institutionellen Anleger kaum voneinander. Insbesondere auffallend ist, dass Käufer und Verkäufer die gleichen Informationen als wichtig für ihre Handlungsweise bezeichneten.

Dies ist besonders bemerkenswert, da doch von der Annahme ausgegangen werden müsste, dass Käufer und Verkäufer eine Situation konträr beurteilen würden. Die höchste Bewertung sowohl von privaten als auch institutionellen Anlegern erzielte die Börsenschwäche, wie sie sich am Vormittag mit einem Minus von 200 Punkten im Dow Jones Industrial Average manifestierte. Diese Schwäche wurde von Privaten mit durchschnittlich 6,54 und von Institutionellen mit 6,05 Punkten als Ursache für die Handlungen des Nachmittags, die zu weiteren Abschlägen führten, angesehen. Eng beieinander lagen Institutionelle und Private auch in der Beurteilung der Frage, ob psychologische oder ökonomische Ursachen für Börsenverläufe wichtiger seien. Von den antwortenden Institutionellen entschieden sich 67,5% für die Psychologie, worin sie von 64% der privaten Anleger sekundiert wurden.

Im Jahre 1971 veröffentlichte Viktor Niederhoffer eine Studie über signifikante Weltereignisse und Kursreaktionen an der New Yorker Börse für die Periode von 1950 bis 1966. Er zählte 432 signifikante Weltereignisse auf. In bloss 136 Fällen (31%) reagierte die Börse mit Kursausreissern, wovon in 78 Fällen nach oben und in 58 nach unten. In die von Niederhoffer untersuchte Periode fielen derart erschütternde Vorgänge wie der Korea Krieg, die Teilung der koreanischen Halbinsel, der Fall von Seoul in kommunistische Hand, die Berlin-Blockade, der Bau der Berliner Mauer, der Ungarn Aufstand, der Suez-Krieg, die Cuba-Krise. David M. Cutler, James M. Poterba und Lawrence Summers publizierten in *Advances in Behavioral Finance* die grössten Kursreaktionen und die von der *New York Times* dafür gelieferten Erklärungen für die Periode von 1941 bis 1987. In den von Niederhoffer untersuchten Zeitraum fallen folgende „Reaktionshierarchien“ und Erklärungen der *New York Times:*

| | | |
|---|---|---|
| 28. Mai 1962 | -6,68% | „Kennedy forces roll back of steel prices” |
| 26. September 1955 | -6,62% | „Eisenhower suffers heart attack” |
| 26. Juni 1950 | -5,38% | „Outbreak of Korean War” |

Die fehlgeschlagene Schweinebucht-Invasion in Cuba wurde im S&P500 mit +0,47% quittiert, während als am 6. Oktober 1979 Paul Volker den Policy-Mix des Fed bekannt gab, der ab 1982 eine der bedeutendsten Aktien-Hausse aller Zeiten massgeblich beeinflusste, reagierte die Börse mit einem Minus des S&P500 von 1,25%. Nur um ungefähr doppelt so schlimm fand sie den Ausbruch der Cuba-Krise, von der wir heute wissen, dass sie die Welt an den Rande eines Atomkrieges brachte. Als Präsident Kennedy am 23. Oktober 1962 seine denkwürdige Rede über den sowjetischen Aufbau eines nuklearen Erstschlagpotentiales gegen die USA auf Cuba hielt und eine Seequarantäne gegen Cuba verhängte, fiel der S&P500 um 2,67%. Der nichtssagende Brief des sowjetischen Parteiführers Chrustchow vom 24. Oktober 1962, in welchem er seinen Friedenswunsch bekundete, liess den S&P500 um 3,22% steigen. Einen Anstieg des S&P500 um 2,16% bewirkte die Verständigungsformel, die die Cuba-Krise beendete. Die Fehleinschätzung ökonomischer, militärischer, politischer und anderer Ereignisse an den Börsen sind legendär. Sie zeigen, dass von einer effizienten – und das wäre eine wissensbasierte Informationsverarbeitung, die das, was ein Ereignis für die Zukunft bedeutet, wirksam vorwegnimmt – keine Rede sein kann. Die Börsen sind zu verschiedenen Zeiten unterschiedlich nachrichtensensitiv, aber effiziente Informationsverarbeiter sind sie zu keiner Zeit.

Ganz offensichtlich ist es nicht möglich, eine klare Trennlinie zwischen der Handlungsweise von privaten und institutionellen Anlegern zu ziehen. Wenn die Umfrage von Professor Shiller repräsentativ ist, liegen nicht einmal immer sachliche Gründe für die konträre Handlung von Kauf und Verkauf vor. Sowohl unter den privaten als auch unter den institutionellen Anlegern gibt es „Smarte" und andere – und auch diejenigen, die nicht immer „smart" handeln, sterben nicht aus. Sehr wahrscheinlich liegt das daran, dass nur sehr wenige immer „smart" sind – oder das Gegenteil davon.

## 4 Warum?

Ein Studium der Wechselwirkung zwischen Information und Kursreaktion – wovon weiter oben nur ein paar illustrative Beispiele skizziert wurden – zeigt, dass die Wechselwirkung alles andere als dem entspricht, was der gesunde Menschenverstand a priori annehmen würde.

Die Ursache liegt darin, dass Information nicht in objektiver Form vorliegt und darauf wartet, entdeckt zu werden, sondern aus den Ereignissen heraus interpretiert werden muss. Dazu haben Finanzinformationen eine essentiell duale Natur, indem relevante Ereignisse auf zwei Ebenen interpretiert werden: Als Information über die real zugrunde liegenden Fakten und als Information über deren Einfluss auf die Marktteilnehmer. Dadurch wird der Begriff Information in dem Sinne problematisch, als die Substanz des Nachrichtenflusses an den Börsen nicht objektiv bestimmbar ist, weil sie von der interpersonalen Dynamik zwischen den anonymen Marktteilnehmern abhängt.

Überdies gibt es eine nachgewiesenermassen hochgradige Abhängigkeit zwischen vergangener Erfahrung und künftigen Erwartungen in jedem Umfeld, das von Ungewissheit und Wandel geprägt ist. Dadurch beeinflusst die Vergangenheit nicht nur die Interpretation, sondern auch die Selektion aktueller Informationen. Diese wird durch den zeitlichen Druck, innerhalb einer gewissen Frist Entscheide zu treffen, die sich erst in Zukunft als richtig oder falsch herausstellen, noch gefördert. Ferner hängt der eigene Erfolg nicht linear mit der Anwendung des ökonomischen Rationalitäts-Paradigmas zusammen, sondern ist das Ergebnis der Handlungsweise anonym agierender Individuen, die in einem organisierten Markt ihren eigenen, meist kurzfristigen Vorteil trotz widerspenstiger Ungewissheit zu verwirklichen suchen. Jede einigermassen erfahrene, am Börsengeschehen teilnehmende Person weiss, dass in diesem Konvolut widersprüchlicher Prozesse nicht Wissen, sondern Meinungen tonangebend sind. Die Börsen sind ausgesprochene Meinungsmärkte. Daraus entsteht ein Konflikt zwischen dem in jeder Person innewohnendem Bedürfnis nach wissensbasierter Authentizität und dem Zwang zur Anpassung an die Ergebnisse der Handlungen anderer.

Für den langfristigen Erfolg an den Börsen ist die „sozial verträgliche" Lösung dieses Konfliktes unabdingbar, wobei der Begriff „sozial" hier im Sinne der Freiburger Schule als Interaktion vieler Teilnehmer an einem durch Preissignale koordinierenden anonymen Tauschprozess verstanden wird und nichts mit Umverteilung und dergleichen zu tun hat. Treffend formulierte Edith Euken-Erdsiek in *Grundtexte zur Sozialen Marktwirtschaft* (1981*)* den Begriff „sozial" in dem hier verwendeten Kontext mit dem Satz: „Alles hängt mit allem zusammen". Diese Konfliktlösung ist ein Hochseilakt ohne Trapez. Wer seine authentische Persönlichkeit zu stark zurücknimmt, läuft Gefahr, von den Wogen des Börsengeschehens „weichgespült" zu werden. Solche Figuren neigen dazu, in Abgabewellen aus Furcht vor weiterer Schwäche zu verkaufen und Hausse-Phasen zu extrapolieren und in ihr aus Angst, Gewinne zu verpassen, zu kaufen. In fataler Weise verändern sie ihre Risikoakzeptanz. Ihr Risikoappetit nimmt gerade dann zu, wenn die Risikofähigkeit aus ökonomischer Perspektive abnehmen müsste.

Wer umgekehrt seinen authentischen Spielraum überdehnt, wird Opfer einer Kontrollillusion. Diese Figur überschätzt die Bedeutung ihres Wissens für den Erfolg an der Börse, übersehend, dass Kurse das unbeabsichtigte Ergebnis der beabsichtigten Handlungen tausender von Menschen sind. Der Unterschied z.B. zwischen einem Rouletterad und Börsenkursen ist nur der, dass das Rouletterad kein Gedächtnis hat und daher von der selbsterzeugten Zahlenreihe nicht betroffen ist, während die Teilnehmer am Börsengeschehen von den zur Markträumung zufällig erzielten Kursen betroffen sind. Dieser psychologisch wichtige Stimulus der Betroffenheit macht die Börse zu einem non-ergodischen System, wodurch die Bedeutung des materiellen Wissens relativiert wird. Wer das nicht versteht, bringt das für das langfristige Überleben erforderliche Können nicht auf, Authentizität und Anpassung richtig zu dosieren. Jene, die überleben, überleben nicht, weil sie immer materiell-rational richtig entscheiden, sondern weil sie Authentizität und Anpassung erfolgswirksam zu dosieren verstehen. Sie handeln prozedural-rational.

Weit verbreitet ist die Meinung, die Abwägung zwischen Authentizitätsbedürfnis und Konformitätszwang stelle vor allem für über bescheidene Informationskanäle verfügende private Kleinanleger ein Problem dar, während die Grossen ohnehin „Trendsetter“ seien und daher frei von Konformitätszwang. Die Wirklichkeit sieht anders aus. Mit Ausnahme weniger Börsenlegenden sind die allermeisten Führungskräfte institutioneller Anleger gezwungen, bei ihren Vorgesetzten wenigstens den Anschein originären Ideenreichtums, authentischer Erwartungsbildung und damit Kompetenz zu vermitteln, um die eigene, interne Stellung zu halten oder zu stärken. Jedoch ist in einer Welt, die jene honoriert, welche bei einem um 30% gefallenen Benchmark nur 27% verloren haben, und jene bestraft, die bei einem um 30% gestiegenen Benchmark lediglich 27% gewonnen haben, der Zwang zur Anpassung an das Verhalten der kursbestimmenden Gruppe eine nackte Existenzfrage. Dieser Hochseilakt zwischen Authentizität und Anpassung erzeugt Leidensdruck – auf englisch Stress genannt. Leidensdruck wird durch Integration in Gruppen reduziert. Gruppen haben eine integrative Tendenz. Die Identifikation mit Leuten, die gleicherweise betroffen sind, entspannt. Allerdings setzt die

Mitgliedschaft in einer Gruppe die Akzeptanz der Meinungsstruktur der Gruppe voraus. Der positive Einfluss – Stressabbau – wird dadurch konterkariert, das eine Handlungsparalyse entsteht. Wer nicht im Sinne der Gruppe handelt, kann sich nicht mehr zur Gruppe zugehörig fühlen.

Eine Gruppe ist etwas anderes als die Summe ihrer Teile. In der Gruppe handeln Individuen anders als für sich alleine gestellt, weil sie Gruppendenken übernehmen. Signifikante Marktereignisse treten paradoxerweise nur wegen der Gruppenbildung ein. Es braucht viele Marktteilnehmer, die eine ähnliche Meinung teilen, die zu weitgehend übereinstimmenden Erwartungen führt, auch wenn hinsichtlich der Methodik, wie diese Erwartungen gebildet werden, keine Einigkeit besteht, um hochkapitalisierte Börsen deutlich zu bewegen. Dies ist der Fall, wenn verschiedene Methoden verfolgende Gruppen zu Parteien übereinstimmender Erwartungen koalieren. Parteien entwickeln sich analog massenpsychologischen Bewegungen in drei Phasen von Wachstum, Stagnation und Zerfall. Eine sich im Wachstum befindende Partei entzieht der Gegenpartei zunehmend mit der Dauer ihres Erfolges die Kommunikationsplattform. In jeder Hausse und in jeder Baisse – und sei sie noch so extrem – gibt es immer eine Gegenpartei, die das Angebot absorbiert bzw. die Nachfrage befriedigt, die die tonangebende Partei erzeugt. Diese Gegenpartei hat grossmehrheitlich andere Erwartungen als die tonangebende Partei. Dabei kommt den Verhältnissen der Parteien zueinander der inhärente Konservatismus sozialer Systeme entgegen. Erneuerer haben nur dann eine Chance, sich nachhaltig bemerkbar zu machen, wenn die dominierende Partei im sozialen System bereits in die Stagnationsphase eingetreten ist. Dazu ein Beispiel: Den Vorbehalten der Baisse-Partei wurde nach Beginn des Hausse-Zyklus 1995 bis 2000 erstmals im Juli 1996 eine Plattform mit internationaler Resonanz gewährt, nachdem der Dow Jones Industrial Average erstmals seit Januar 1995 ernsthafte Koordinationsprobleme der Marktteilnehmer offenbarte. Am gleichen Tag wurden die Prognosen von zwei hoch angesehenen Ökonomen veröffentlicht. Beide waren sich über das Ausmass der nächsten bedeutsamen Bewegung des Dow Jones Industrial Average vom damaligen Stand von 5600 Punkten aus einig: 1000 Punkte soll sie sein. Nur über die Richtung stimmten die beiden Ökonomen nicht überein. Einer brachte Gründe für eine Avance um 1000 Punkte vor, der andere argumentierte die Notwendigkeit eines Rückschlages um ebenso viel. Während der ganzen Hausse vom Stand von 3800 Punkten im Januar 1995 auf 5600 Punkte im Juni 1996 gab es eine Baisse-Partei, allerdings eine im Zerfall befindliche, deren Anhängerschaft durch das erfolgsinduzierte Wachstum der Hausse-Partei angezogen, das sinkende Schiff verliess. Durch den Misserfolg ihres Standpunktes immer mehr in die Enge gedrängt, verlor sie beim anschliessenden Anstieg auf 11.750 Punkte ihre Kommunikationsplattform: Die Zeilen, die den Baissiers in den Printmedien eingeräumt wurden, die Sendezeit, die sie in den elektronischen Medien zugeteilt erhielten, um ihre Skepsis über die weitere Entwicklung der Hausse zu einer spekulativen Blase zum Ausdruck zu bringen, nahmen mit jeder weiteren Steigerung der Indizes ab, und zwar derart markant, dass nicht einmal diesbezügliche Warnungen des FED-Vorsitzenden Alan Greenspan vor den Folgen eines „irrationalen Überschwangs“ mehr auf Gehör stiessen. Dieser kommunikative Autoritarismus, resultierend aus dem inhärenten Konservatismus sozialer Systeme, wurde lediglich vorübergehend unterbrochen, als der Dow Jones zwischen Juli 1998 und September 1998 von 9367 auf 7400 Punkte fiel. Je schneller er fiel, um so mehr wurde die Baisse-Partei angehört. Sobald eine Erholung einsetzte, verloren die Baissiers jedoch erneut ihre Plattform. Als die Baisse im März 2000 einsetzte, wurde sie bis gegen September 2001 hinein als eine mit 1998 vergleichbare Schwäche verkannt, in deren Verlauf die Positionen auszubauen seien. Der Maulkorb, den die Haussiers den Baissiers verpasst hatten, wirkte noch nach und verhinderte die Erkenntnis des Zerfalls, der sich der Partei der Bullen bemächtigt hatte. Die öffentliche Meinung nahm einmal mehr mit Verspätung ein Regimewechsel im System wahr. Dieser Prozess des Wachstums der einen Partei und der Schrumpfung der anderen Partei sowie der verspäteten Wahrnehmung in der Öffentlichkeit ist nicht nur während der als Beispiel angegebenen Periode in den USA zu beobachten gewesen, sondern in jeder Börsenhausse und jeder Börsenbaisse – auch den inzwischen vergessenen. An ihren jeweiligen Wendepunkten machte sich jene Partei, deren Meinung durch die Indizes vorher während langer Zeit bestätigt worden war, jeweils mit besonders grossem Lärm penetrant bemerkbar.

## 5 Die Folge der Parteienbildung

Das Resultat der Parteienbildung ist, dass die Fülle von Nachrichten, Meldungen, Mitteilungen, Botschaften und Informationen, die an der Börse permanent herumschwirren und ein Ausmass erreichen, welches die Aufnahme- und assoziative Verarbeitungsfähigkeit der Marktteilnehmer bei weitem übersteigt, auf einige wenige Themen reduziert wird, deren Bedeutung während des ganzen Wachstums der tonangebenden Partei überbewertet und zu Paradigmen hochstilisiert werden. Als Folge davon ist nach einer Hausse eine kollektive „Overconfidence" zu beobachten, die zu dem führt, was die Psychologie den „fundamentalen Attributionsfehler" nennt. Dieser besteht darin, dass die dispositionalen Faktoren zu hoch und die situativen Faktoren zu niedrig bewertet werden. Als dispositionale Faktoren gelten eigene Fähigkeiten und persönliches Wissen, während die situativen Faktoren in der Kursentwicklung an der Börse bestehen, die in bedeutenden Hausse-Perioden die grosse Mehrzahl der Aktien mitreissen und eine Einladung dafür darstellen, die Performance-Erfolge eigenem Können zuzuordnen und nicht der Tatsache, dass es kaum möglich gewesen wäre, ein Portfolio vorwiegend aus Verlierer-Aktien zusammenzustellen. Daraus resultiert die Überschätzung der eigenen Risikofähigkeit, die Überschätzung der eigenen Risikobereitschaft, die Entstehung absurder Theorien (wie z.B. der „New Economy" 1998/99), die Überreaktion auf Nachrichten, die die von der tonangebenden Gruppe hochstilisierten Paradigmen bestätigen und die Unterreaktion auf Nachrichten, die die Paradigmen in Frage stellen. Nach einer Baisse ist es umgekehrt. Es findet eine Überreaktion auf Nachrichten, die die Baisse begründeten statt, während Informationen, die die übereinstimmenden Erwartungen der publizistisch tonangebenden Baisse-Partei widersprechen, verlangsamt wahrgenommen werden.

## 6 Wird Behavioral Finance sich selbst erledigen?

An den Börsen findet eine Interaktion zwischen Informationen ökonomischen Gehalts und der psychologischen Befindlichkeit der Entscheidungsträger statt. Ökonomische Informationen sind Impulsgeber für die Bildung von Erwartungen und das Setzen von Handlungen mit dem Ziel, die Positionen zu besetzen, die zum Zeitpunkt des Eintrittes der gebildeten Erwartungen Vorteile verschaffen. Aufgrund dieser Ausgangslage widerspiegeln Aktienpreise nicht die tatsächliche ökonomische Situation, wenn diese dynamische Grösse überhaupt zu irgendeinem gewünschten Zeitpunkt feststellbar sein sollte, sondern die aggregierten Meinungen aller Marktteilnehmer über die zu erwartende ökonomische Entwicklung und zum Teil auch über nicht-ökonomische Einflussfaktoren, wie z.B. solche politischer demografischer, klimatischer und anderer Art. Dadurch wird die Psychologie nicht nur zu einem festen Bestandteil der Börse, sondern gar zu ihrer letzten Instanz. Wenn es möglich ist, mit Behavioral Finance systematische Handlungsmuster zu ermitteln und zu beschreiben, führt die Verbreitung von Behavioral Finance nicht etwa dazu, dass die Finanzmärkte, wie wir sie kennen, zu existieren aufhören, weil die Teilnehmer durch Ausbildung zu Börsenpsychologen werden und immer wiederkehrende systematische „Fehlzündungen“ dadurch ausgeschaltet werden? Macht sich Behavioral Finance dadurch nicht selbst überflüssig? Diese Fragen werden erstaunlicherweise gestellt, bevor Behavioral Finance an den europäischen Fachhochschulen und Universitäten überhaupt verankert ist. Die Frage ist berechtigt, aber sicherlich noch nicht opportun bevor mindestens eine Generation von Börsenteilnehmern in Behavioral Finance geschult ist. Doch selbst dann ist es unwahrscheinlich, dass Behavioral Finance sich selbst erledigt, haben wir doch eingangs zu diesem Beitrag feststellen können, dass die Handlungsmuster an den Börsen trotz der tiefgreifenden strukturellen und institutionellen Umwälzungen im Laufe der Jahrzehnte weitgehend identisch geblieben sind.

## 7 Wie kann uns Behavioral Finance helfen?

Behavioral Finance kann uns helfen auf der richtigen Seite, d.h. jener des „smarten“ Geldes zu sein, indem sie grundsätzliche Einsichten über systematische menschliche Handlungsmuster im Bereich der Informationsverarbeitung und Erwartungsbildung in komplexen sozialen Systemen vermittelt. Solche Erkenntnisse umfassen nicht lediglich die Erwartungen künftiger Kursentwicklungen, sondern auch die Erwartungen, die private Anleger ohne sie auszusprechen an ihre Berater und Vermögensverwalter im Private Banking setzen. Dazu gehören Kenntnisse über die Bedeutung historischer Kursentwicklungen als konditionierende Impulse bei der Erwartungsbildung, über die Bedeutung von Kursverläufen für die Steuerung des Risikoprofils, sowie die Ableitung von kundenseitig nicht ausgesprochenen, aber gehegten Erwartungen hinsichtlich der Handlungsweise der Vermögensverwaltung im Private Banking. Hierzu gehören all jene Verhaltensnormen, die an dieser Stelle als „okkulte Information“ bezeichnet werden. Es handelt sich dabei um von den meisten Kunden gehegte, jedoch nicht ausgesprochene Erwartungen, wie sie beispielsweise aus der Forschung des Nobelpreisträgers für Wirtschaftswissenschaft 2002, Daniel Kahneman, bekannt sind. In diesem Zusammenhang sei beispielsweise an den Dispositionseffekt gedacht, der darin besteht, aufgelaufene Gewinne zu früh zu realisieren, sich aber von in der Verlustzone befindlichen Aktien nicht trennen zu wollen. Dieses weitverbreitete Fehlverhalten ist auf eine Wertfunktion zurückzuführen, die sich nicht an den Erwartungsnutzen orientiert, sondern an einen Referenzpunkt, der am Ausgangsvermögen der

Anleger anknüpft. Dieser Referenzpunkt ist ein Datum, welches beispielsweise aus der Summe der Einstandspreise aller Titel eines Portfolios zusammengesetzt wird und ausschliesslich die Person betroffen macht, der das Portfolio gehört. Kaum ein Klient wird von sich aus den Dispositionseffekt zur Sprache bringen. Dagegen werden die meisten Gründe hören wollen, warum die Verlierer-Aktien sich erholen werden. Argumente gegen die Erholungsthese werden verdrängt werden. Wenn die Beratung im Private Banking auch Opfer des Dispositionseffektes wird, ist der Schaden für die betroffenen Portfolios garantiert.

Ein weiteres Beispiel: bereits 1971 haben Daniel Kahneman und Amos Tversky den wissenschaftlichen Nachweis für die Annahme John Maynard Keynes aus dem Jahre 1936 erbracht, dass Menschen Mühe beim Umgang mit Wahrscheinlichkeiten haben. Sie werden unbekümmert aus Datenreihen ermittelt, die viel zu klein dazu sind. Ein krasses Beispiel ist die Bevorzugung von Fonds bzw. Portfoliomanagern, die während einer relativ kurzen Periode von ein paar Jahren besonders erfolgreich waren. Frühere Performance während einigen Jahren von ein bis zwei Dutzend Managern sind zur Ermittlung einer statistisch begründeten Erfolgswahrscheinlichkeit eine viel zu schmale Datenbasis. Trotzdem wird diese Praxis von privaten wie auch institutionellen Anlegern fleissig geübt, obwohl allen bekannt sein müsste, dass Wahrscheinlichkeitserwartungen nur aus grossen Datenreihen ermittelt werden können.

Ein anderes Beispiel ist der Zeitfaktor, der ein bewegliches Ziel der Anlagepolitik darzustellen scheint. Anleger neigen dazu, in der Hausse ihre Anlagepolitik als langfristig orientiert zu bezeichnen und dabei Zeithorizonte von mehreren Jahren zu nennen. Hat eine Baisse über längere Zeit stattgefunden, verändern sie ihren Anlagehorizont. Je länger die Baisse anhält, um so kürzer werden die Intervalle der Überprüfung des Portfoliowertes und der zeitlichen Komponente der Anlageziele.

Solche und andere Problemfelder, die daraus entstehen, dass von Seiten der Kunden unterstellt wird, dass „der Banker es schon wissen wird", zu erkennen ist Voraussetzung um ihnen entgegen zu wirken. Dazu ist Mitarbeiterschulung in Behavioral Finance ein Gebot der Stunde, damit Mitarbeiterinnen und Mitarbeiter der Privatbanken in die Lage versetzt werden, ihre Kundschaft optimal zu beraten. Eine psychologisch geschulte und konsequente Kundenführung bewahrt wenigstens jene, die in den Genuss einer solchen Beratung kommen, in die schlimmsten Fallen zu tappen. Schliesslich sei auch noch auf die Notwendigkeit verwiesen, die Vertragsgestaltung zu überdenken. Verträge, die fixe Gewichtungen für verschiedene Anlagekategorien vorsehen, gestatten den Vermögensverwaltern keine optimale Portfolioführung. Notwendig ist die Einführung von Vorgaben, die für jede zu berücksichtigende Anlagekategorie minimale und maximale Gewichtungen vorsehen.

## Literatur

**Evans, L.L. Jr.** (2003). Why The Bubble Burst, Edward Elgar

**Kindleberger, C.P.** (1989). Manias, Panics, and Crashes (2nd edition), Basic Books Inc., New York

**Niederhoffer, V.** (1971). The Analysis of World News Events and Stock Prices, Journal of Business

**Plummer, T.** (1998). Forecasting Financial Markets: The Psychological Dynamics of Successful Investing (3. Auflage), Kogan Page Limited

**Shiller, R.** (2002). Irrational Exuberance, Princeton University Press

**Thaler, R.H.** (1993). Advances in Behavioral Finance, Russel Sage Foundation

**Wärneryd, K.-E.** (2003). Stock Market Psychology. How People Value and Trade Stocks, Edward Elgar

# Die Performance-Darstellung von Wertschriften-Portfolios

**Marco J. Menichetti**

Prof. Dr.; Stiftungsprofessor des Liechtensteinischen Bankenverbandes, Institut für Finanzdienstleistungen, Fachhochschule Liechtenstein

## Abstract

Big asset management funds have an incentive to identify portfolio managers who show ex post investment results maximizing the fund utility. This analysis cannot be restricted on rate of returns as they do not take into account different levels of return volatility. Therefore performance is a much better measure than a return rate. Performance is a measure describing the relation between return and risk of an asset. Asset management reports in Germany and the Principality of Liechtenstein show that portfolio reporting gives information on rates of return, but no information on portfolio risk and performance ratios.

In the following we give an overview on traditional performance ratios and show the use of performance ratios in asset management. Using different ratios can lead to different rankings of portfolios. But which portfolio is the best from the investor's viewpoint? We propose that this question can be answered looking at the portfolio situation of the investor. If a bank has a perfect overview on all assets of a client, the bank is in a position to identify the performance ratio leading to the optimal ranking decision of the client. In order to offer this valuable service the bank needs a very deep information of the clients personal wealth situation, which offers the bank an important competitive advantage in relation to other banks.

## 1 Einleitung

Im Rahmen des Asset Managements und des Private Bankings geht es unter anderem darum, für private und institutionelle Investoren unterschiedlich strukturierte Portfolios aus Aktien, Bonds und liquiditätsnahen Geldmarktpapieren zu führen. Sowohl private als auch institutionelle Investoren verlangen ein regelmässiges Vermögensreporting, welches unter anderem auch eine verständliche Aussage zur erwirtschafteten Rendite sowie zur Performance macht. Entgegen der Alltagssprache ist zwischen Rendite und Performance sehr wohl zu unterscheiden. Unter Rendite verstehen wir eine reine Ertragskennziffer, unter Performance dagegen eine zum Anlagerisiko in Bezug gesetzte Ertragskennziffer. Unter Performance-Messung verstehen wir die Beurteilung und den Vergleich des relativen Anlageerfolges.[1]

Performance-Messung erfreut sich eines immer grösseren Interesses. Als Gründe hierfür sind einerseits der zunehmende Wettbewerb sowie die steigenden Anforderungen der Investoren an ihre Asset Manager zu nennen. Diese Entwicklung wird beispielsweise aber auch durch die Verfügbarkeit von Indizes, die Institutionalisierung des Asset-Managements oder die leistungsorientierte Vergütung der Asset Manager gefördert.[2]

Während es in der Kundenberatung kaum „Economies of Scale“ zu beachten gibt, können im aktiven Portfoliomanagement durchaus hohe „Economies“ realisiert werden. Dies wird die bereits heute vorzufindende Trennung in Advisory Banking und reines Portfoliomanagement (z.B. in Form von Investmentfonds-Gesellschaften) noch weiter vorantreiben.[3] Die verschiedenen Akteure des Advisory Banking benötigen eine Erfolgsgrösse, um für ihre Klienten aus den zahlreichen Angeboten der reinen Portfoliomanager die besten Angebote heraussuchen zu können. So fällt die Prognose nicht schwer, dass die Bedeutung der Performance-Messung künftig noch weiter zunehmen wird. Die früher geäusserte Kritik an den verschiedenen Performance-Kennziffern, sie wären zu kompliziert und würden in der Praxis nicht angewendet,[4] ist heute weitgehend verstummt.

Die von der Association for Investment Management and Research (AIMR) ausgearbeiteten Global Investment Performance Standards (GIPS) legen weltweite Mindestanforderungen an die Performance-Darstellung

---

1 Vgl. Steiner/Bruns (2002), S. 595.

2 Vgl. Zimmermann (1992), S. 51 f.

3 Vgl. Spremann (2003), S. 312 f.

4 Vgl. z.B. Ferguson (1986), S. 4 ff.

fest.[5] Von ihnen wurden zwischenzeitlich verschiedene länderspezifische Performance Presentation Standards abgeleitet. Da sie keinen Hinweis zur Frage liefern, welche der möglichen Performance-Ratios im Vermögensreporting anzuwenden sind, werden die GIPS bzw. SPPS hier nicht weiter behandelt.

Auch die Analyse von Investment-Styles sowie die Performance-Attribution werden hier nicht näher behandelt. Unter Style-Analyse verstehen wir die Rückführung der Portfolioerträge auf bestimmte Asset-Klassen.[6] Die Performance-Attribution beinhaltet die Rückführung der Portfolioperformance auf bestimmte Anlageentscheidungen.[7] Diese lassen sich in Selektivität und Titelauswahl unterscheiden, daneben verbleibt als weitere Einflussgrösse der Zufall. Inzwischen liegen eine Reihe von internationalen und deutschen empirischen Untersuchungen bezügliche Performance-Kennziffern vor, auf die wir hier jedoch nicht weiter eingehen werden.[8]

Dieser Beitrag beschäftigt sich vornehmlich mit den Bedingungen für einen sinnvollen Einsatz der gängigen Performance-Ratios. Die Anwendung von Performance-Ratios soll es ermöglichen, ex post die Anlageergebnisse verschiedener Portfoliomanager in eine Rangfolge zu bringen, um so ihre Leistung beurteilen zu können. Allerdings kann ein solches Vorgehen dazu führen, dass je nach Anwendung der Performance-Ratio eine unterschiedliche Rangfolge entsteht. Damit würde die Anwendung der Performance-Ratios nicht zu einem eindeutigen Ergebnis, sondern in ein Dilemma führen. Ziel dieses Beitrages ist es, die Bedeutung des Portfoliozusammenhangs des Investors als entscheidende Grösse zu begreifen, die die sinnvolle Anwendung einer bestimmten Performance-Ratio vorgibt und somit den Ausweg aus dem beschriebenen Dilemma bietet. Interessant ist dabei, dass der Portfoliozusammenhang nicht nur zur Identifikation der sinnvollen Performance-Ratio verhilft, sondern diese Tatsache auch im Rahmen des

---

[5] Hierzu zählen: Datenbasis (z.B. einheitlich, vollständig), Kalkulationsmethode (z.B. zeitgewichtete Renditen), Konstruktion von Composites (zur Wiederspiegelung der Investmentstrategie), Zusatzangaben (zur Förderung der Transparenz), Präsentation und Berichterstattung (z.B. Zeiträume der Berichterstattung). Vgl. AIMR (1999); Fischer (2000), S. 180 ff; Wittrock (2000).

[6] Vgl. Sharpe (1992), S. 7-19.

[7] Vgl. Bodie/Kane/Marcus (2002), S. 823ff.

[8] Vgl. Wittrock (2000), S. 171-205.

Marketing zum Vorteil der beratenden Bank eingesetzt werden kann und einen positiven Einfluss auf die Kundenbindungsrate sowie auf die Wettbewerbsposition haben könnte.

# 2 Ein Blick in die Banken

## 2.1 Untersuchung zum Vermögensreporting in Deutschland

Eine neuere Untersuchung gibt sehr detailliert Auskunft über das Vermögensverwaltungs-Reporting von Banken in Deutschland.[9] Wie sich zeigte, geben die Banken Auskünfte über die Vermögensaufstellung und Vermögensentwicklung sowie das Marktumfeld.

Im Rahmen der Vermögensaufstellung werden insbesondere Informationen zu Depotbeständen, Depotumsätzen und Vermögensstruktur geliefert.[10] Dies ist mit durchschnittlich 66% der Seiten der umfangreichste Teil des Vermögensverwaltungs-Reports. In 100% der untersuchten Fälle werden Depotbestände und Vermögensstruktur dargestellt, dagegen findet man nur noch in 14% der Fälle Hinweise zu Depotumsätzen.

Der Bereich der Vermögensentwicklung nimmt wesentlich weniger Raum ein. Hier werden Informationen zur Portfoliorendite, Benchmarkrendite, Ertragsaufspaltung sowie zur Historie gegeben.[11] Über 95% der Banken berechnen die Portfoliorendite vor Steuern mithilfe von Angaben zu Startvermögen, Zu- und Abflüssen sowie Endvermögen. Allfällige Steuerguthaben werden nur von 75% der Banken aufgeführt. Das mit Hilfe der Kapitalflüsse bereinigte Startvermögen wird nur noch von weniger als 25% der untersuchten Banken geliefert, eine Berechnung der Rendite nach Steuern erfolgt nur in 14% der untersuchten Fälle. Nur in 50% der Fälle erfolgt eine Aufspaltung der Erträge. Noch seltener ist die Darstellung der Währungsgewinne sowie den Ertragsanteil der verschiedenen Asset-Klassen (nur in 14% der Fälle). In 90% der untersuchten Fälle erfolgen keine Angaben zu den Kosten der Vermögensverwaltung.

---

[9] Vgl. Schiereck/Viebahn (2003). Problematisch ist allerdings, dass die Autoren die Begriffe Rendite und Performance als Synonyme verwenden.

[10] Vgl. Schiereck/Viebahn (2003), S. 5-12.

[11] Vgl. Schiereck/Viebahn (2003), S. 12-16.

Über das Marktumfeld berichten nur 38% der untersuchten Vermögensverwaltungs-Reports. Hier geht es um die Beschreibung der allgemeinen Marktentwicklung sowie um einen Marktausblick für die verschiedenen Kapitalmärkte.[12]

Hinweise zu Performance-Ratios sind im Abschnitt Vermögensentwicklung zu erwarten. Doch ist festzustellen, dass in keinem der untersuchten Reports explizite Aussagen über das eingegangene Risiko oder Ertrags/Risiko-Relationen geliefert werden.[13] Somit fehlen Angaben zu Performance-Ratios völlig. Folglich kann auf der Basis der analysierten Reports die Leistung der Vermögensverwalter nicht beurteilt werden.

Daneben erfolgt nur in 50% der Fälle eine Aufspaltung des Ertrages, es werden keine Informationen über die Beiträge der verschiedenen Asset-Klassen oder der verschiedenen Regionen geliefert, in 90% der Berichte fehlten sogar die Hinweise auf Kosten der Vermögensverwaltung.

## 2.2 Vermögensreporting im Fürstentum Liechtenstein

Im Rahmen einer eignen Umfrage konnte festgestellt werden, dass sich die in Liechtenstein tätigen Banken in drei verschiedene Kategorien einteilen lassen.

**Kategorie 1:** Hier handelt es sich um Banken, die die erreichte, zeitgewichtete Rendite des Portfolios ausweisen.

**Kategorie 2:** Dieser Kategorie gehören Banken an, welche zusätzlich zur zeitgewichteten Rendite auch eine Auskunft über die Spesen der Vermögensverwaltung geben.

**Kategorie 3:** Hier handelt es sich um Banken, die zusätzlich zu den unter Kategorie 1 und 2 genannten Angaben auch Informationen zur Benchmarkzusammensetzung und zur Ertragsaufspaltung geben, wobei sie allerdings Angaben zur Streuung der Portfoliorendite unterlassen.

---

[12] Vgl. Schiereck/Viebahn (2003), S. 16-17.

[13] Vgl. Schiereck/Viebahn (2003), S. 19.

Insgesamt muss das Ergebnis dieses Überblicks über das Reporting der Vermögensverwaltung in Deutschland und Liechtenstein als enttäuschend bezeichnet werden. Das Informationsangebot für die Investoren über Portfolioergebnis und Portfoliorisiko ist völlig unzureichend.

# 3 Performance-Kennziffern und ihre Anwendung

Aufgrund der in der Kapitalmarkttheorie dominierenden Verwendung von Höhe und Streuung des erwarteten Anlageertrages beziehen sich auch die gängigen Performance-Kennziffern auf diese beiden Parameter. Während in der Praxis auch die Liquidität der Anlage oder die Ablauforganisation im Anlageprozess von Bedeutung sind, so werden diese Aspekte hier völlig ausgeblendet.

## 3.1 Berechnung von Anlagerenditen

Die Berechnung dynamischer Renditekennziffern[14] kann zeitgewichtet oder wertgewichtet erfolgen. Unterstellen wir folgende Kurs- und Dividendenentwicklung für einen Aktienwert:

| Zeitpunkt | Bewegung | Zahlungsfluss |
|---|---|---|
| 0 | Kauf einer Aktie | CHF 10 |
| 1 | Dividendenzahlung | CHF 0 |
| 1 | Zukauf einer weiteren Aktie | CHF 11 |
| 2 | Dividendenzahlung je Aktie | CHF 1 |
| 2 | Aktienwert am Periodenende | CHF 12 |

[14] Zu unterscheiden sind statische und dynamische Renditekennziffern; vgl. hierzu Gerke/Bank (1998), S. 78 ff; Franke/Hax (1999), S. 172 ff.

Die durchschnittliche Jahresrendite für diese Anlage beträgt 15,37%.[15] Dies stellt eine wertgewichtete Renditeberechnung dar, denn die höhere Rendite im zweiten Jahr hat aufgrund der zweiten Aktie stärkeres Gewicht als die niedrigere Rendite des ersten Jahres. Die zeitgewichtete Rendite dagegen beträgt 14,09%, nämlich der Mittelwert aus 10,00% und 18,18%.

Welche dieser beiden Renditekennziffern ist nun sinnvoller? Die wertgewichtete Rendite trifft sicherlich eine richtige Aussage, denn sie berücksichtigt Timing-Effekte. Im Anlagemanagement dagegen wird häufig die zeitgewichtete Rendite-Kennziffer verwendet. Denn ein Portfoliomanager hat keinen Einfluss darauf, wann seine Kunden Kapitalbeträge zuführen oder abziehen. Diese Kapitalbewegungen in die Beurteilung seiner Managementfähigkeit einfliessen zu lassen würde ihm nicht gerecht werden.

Neben der Zeit- und Wertgewichtung ist noch eine weitere Unterscheidung von Bedeutung: Arithmetisch versus geometrisch errechnete Renditen. Wir nehmen nochmals Bezug auf unser Beispiel: Die berechnete Rendite in Höhe von 14,09% stellt die arithmetische Rendite dar; die geometrische Rendite liegt mit 14,02% [16] leicht darunter. Geometrische Renditen liegen (im Mehrperiodenfall) immer unter arithmetisch errechneten Renditen.

## 3.2 Theorie-Grundlage der Performance-Kennziffern

Eine Performance-Beurteilung besteht nicht nur aus der Berechnung von Renditen, wie im letzten Abschnitt dargestellt. Erzielte Renditen müssen um die jeweils eingegangenen Risiken adjustiert werden, um sie sinnvoll vergleichen zu können.[17] Solche Adjustierungsansätze lassen sich beispielsweise aus dem CAPM[18] ableiten.

Rational handelnde Investoren an einem vollkommenen Kapitalmarkt erkennen in Form der Effizienzlinie (efficient frontier) die für sie sinnvollen Anlagealternativen einer Volkswirtschaft. Existiert zusätzlich die Möglichkeit einer risikolosen Anlage, so entsteht damit die Kapitalmarktlinie,

---

[15] Berechnung: $-10 - 11/(1+r) + 26/(1+r)^2 = 0$ . Daraus folgt $r=15{,}37\%$ .

[16] Berechnung: $r_G = [(1 + 0{,}10)\,(1+ 0{,}1818)]^{-0{,}5} = 0{,}1402$

[17] Vgl. Bodie/Kane/Marcus (2002), S . 811.

[18] Vgl. Franke/Hax (1999), S. 377 ff.; Brealey/Myers (2003), S. 198 ff.

welche uns zur Grundaussage des Capital Asset Pricing Model (CAPM) führt: es besteht ein linearer Zusammenhang zwischen Gesamtrisiko (gemessen als Varianz bzw. $\sigma^2$ oder Standardabweichung bzw. $\sigma$) und erwartetem Ertrag einer Risikoanlage. Aufgrund portfoliotheoretischer Zusammenhänge werden Investoren nicht einzelne Anlagen halten, sondern ihr Vermögen einer breiten Diversifikation unterziehen. Aufgrund der Diversifikation lässt sich das Gesamtrisiko einer Anlage spürbar reduzieren, was die folgende Abbildung verdeutlicht. Der Grund für diese Risikoreduzierung liegt darin, dass das Gesamtrisiko in systematisches und unsystematisches Risiko (bzw. Markt- und firmenspezifisches Risiko) zu unterscheiden ist.[19] Während das Marktrisiko einen Risikofaktor darstellt, der alle Unternehmen einer Volkswirtschaft gleichermassen betrifft (z.B. das Konjunkturrisiko), handelt es sich beim unsystematischen Risiko um firmenspezifische Einflüsse. Der spezifische Risikofaktor lässt sich bei entsprechender Portfoliozusammensetzung mit zunehmender Portfoliogrösse eliminieren, so dass für ein solches Portfolio nur noch das Marktrisiko verbleibt. Abbildung 1 verdeutlicht diese Zusammenhänge.

Mit Hilfe von Abbildung 1 kann nun auch nachvollzogen werden, warum die Übernahme spezifischer Risiken am Kapitalmarkt nicht vergütet wird.

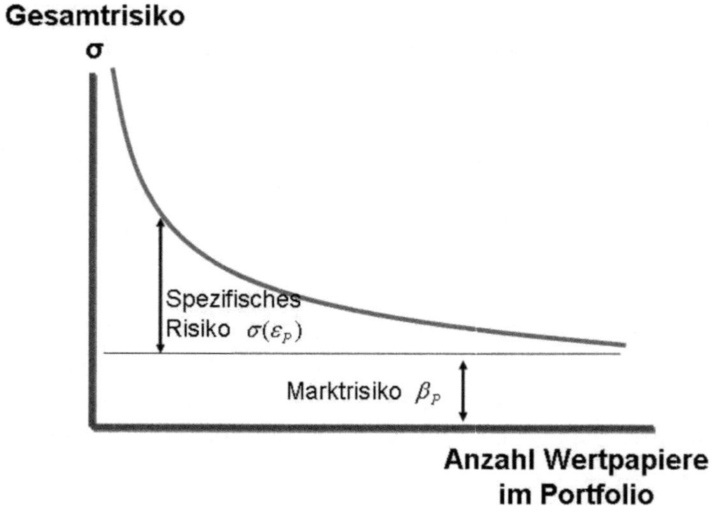


**Abb. 1.** Portfolio-Diversifikation

---

[19] Vgl. Copeland/Weston (1988), S. 198 f.

Jeder Investor kann diese Risikoart allein durch Diversifikation eliminieren. Folglich wird am Kapitalmarkt nur noch die Übernahme von Marktrisiko finanziell honoriert.

Für eine einzelne Risikoanlage ergibt sich dessen erwarteter Ertrag aus der Darstellung der Wertpapiermarktlinie. Da eine breite Diversifikation der Investoren unterstellt wird, ist nicht mehr das Gesamtrisiko einer Anlage von Interesse, sondern nur noch das Marktrisiko (bzw. systematische Risiko) dieser Anlage. Das Verhältnis des systematischen Risikos einer Anlage zum Risiko des Marktportfolios wird gemessen durch das Beta, $\beta$, dieser Anlage. Ein Beta von beispielsweise 1,2 bedeutet, dass mit einer Kursveränderung des Gesamtmarktes um +1% für die betrachtete Risikoanlage eine Kursveränderung um das 1,2-fache nach oben erwartet wird. Aus dieser Überlegung heraus lässt sich der erwartete, risikoadäquate Ertrag eine riskanten Anlage, $E[r_i]$, herleiten:

$$E[r_i] = r_f + (E[r_M] - r_f)\beta_i$$

Somit ergibt sich der erwartete Ertrag eine riskanten Anlage $i$, $E[r_i]$, aus dem Ertrag der risikofreien Anlage, $r_f$, dem erwarteten Ertrag des Marktportfolios, $E[r_M]$, sowie dem Beta der untersuchten riskanten Anlage $i$. Die im Gleichgewicht liegenden Beta/Ertrags-Relationen befinden sich auf der sogenannten Wertpapiermarktlinie. Die folgende Abbildung 2 verdeutlicht diesen Zusammenhang.

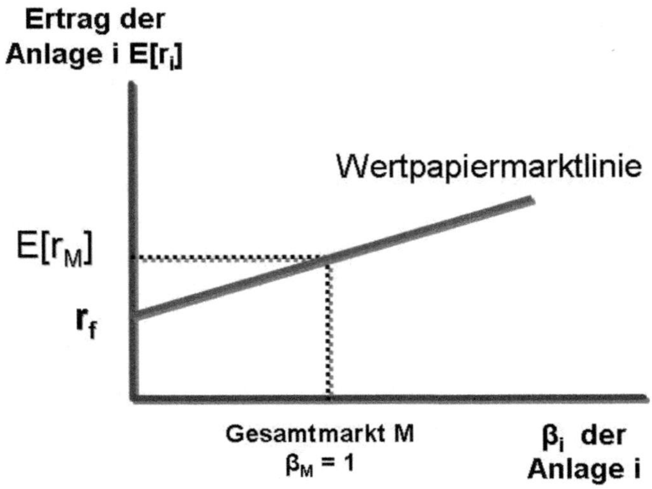


**Abb. 2.** Beta und Wertpapiermarktlinie

## 3.3 Gebräuchliche Performance-Kennziffern im Überblick

Die folgenden Seiten geben einen Überblick über die verschiedenen Performance-Ratios.[20]

Die sicherlich bekannteste Kennzahl ist die Sharpe-Ratio, die das Verhältnis der Risikoprämie einer Anlage zum Gesamtrisiko misst. Die Treynor-Kennzahl dagegen setzt die Risikoprämie in Bezug zum Beta der Anlage. Jensens $\alpha_P$ misst die Abweichung einer Anlage von der Wertpapiermarktlinie. Die Treynor/Black-Appraisal-Ratio setzt dieses $\alpha_P$ in Relation zum unsystematischen Risiko der Anlage. Modigliani und Modigliani (1997) dagegen bringen über eine Mischung mit der risikofreien Anlage das Portfolio auf dieselbe Standardabweichung wie das Marktportfolio und bilden anschliessend die Differenz zwischen dem Ertrag des Portfolios und dem Marktportfolio.

**Sharpe-Kennzahl:** $S = (r_P - r_f)/\sigma_P$

Mit der Sharpe-Kennzahl wird die während des Beobachtungszeitraums ermittelte durchschnittliche Risikoprämie des betrachteten Portfolios zur Standardabweichung des Portfolioertrages in Bezug gesetzt. Diese „reward-to-variability ratio" zeigt somit das Verhältnis von erzielter Überrendite bzw. Risikoprämie zum Gesamtrisiko der Anlage auf.

**M²-Kennzahl:** $M^2 = r_{P^*} - r_M$

Franco und Leah Modigliani haben 1997 eine Variation zur Sharpe-Kennzahl entwickelt. Das betrachte Portfolio P wird über eine Beimischung der risikofreien Anlage auf denselben Betrag der Standardabweichung wie das Marktportfolio M gebracht, um anschliessend den Ertrag dieses veränderten Portfolios P* mit dem Ertrag des Marktportfolios M zu vergleichen. Auch diese Kennzahl bezieht sich folglich auf das Gesamtrisiko.

**Treynor-Kennzahl:** $T = (r_P - r_f)/\beta_P$

Diese Kennzahl nimmt die Unterteilung des Gesamtrisikos eines Investments in systematisches und unsystematisches Risiko auf. Mit der Annah-

---

[20] Vgl. Bodie/Kane/Marcus (2002), S. 812 f.; vgl. Steiner/Bruns (2002), S. 604 ff.

me breit diversifizierter Anleger wird das unsystematische Risiko nicht vergütet, da es mit Diversifikation ausgeschaltet werden kann. Die Treynor-Kennzahl geht auf diese sehr wichtige Unterscheidung ein und setzt die Risikoprämie des betrachteten Portfolios ins Verhältnis zum systematischen Risiko dieses Portfolios.

**Jensen-Kennzahl:** $\alpha_P = (r_P - r_f) - (r_M - r_f)\beta_P$

Das CAPM liefert uns für eine Risikoanlage den Erwartungswert einer risikoadjustierten Rendite (in obigem Ausdruck dargestellt durch den hinteren Formelteil). Jensens $\alpha_P$ bezeichnet die nach oben oder unten gehende Abweichung des betrachteten Portfolios von der über das CAPM erwarteten Portfoliorendite.

**Treynor/Black-Appraisal-Ratio:** $T / B = \alpha_P / \sigma[\varepsilon_P]$

Setzt man Jensens $\alpha_P$ in Bezug zum unsystematischen Risiko des Portfolios, so erhält man die Appraisal-Ratio. Sie misst folglich Abweichungen der tatsächlichen von der erwarteten Portfoliorendite je unsystematische Risikoeinheit. Für einen nicht-diversifizierten Investor zeigt sich hier die Abweichung vom Erwartungswert der Portfoliorendite in Abhängigkeit des eingegangenen unsystematischen Risikos.

Im Rahmen der Performance-Beurteilung wird zum Teil auf Benchmarks zurückgegriffen. Das Benchmark-Portfolio [21] sollte aus Sicht des Investors eine kostengünstig und einfach zu verwirklichende Alternative zum analysierten Portfolio darstellen, das gut diversifiziert und deshalb nur schwer risikoadjustiert zu schlagen sein sollte.

## 3.4 Anwendung: Ein Beispiel

Im Rahmen eines Beispiels unterstellen wir, ein Investor habe neben der Benchmark M die Wahl zwischen den drei Portfolios A, B und C. Welche dieser vier Alternativen war ex post für den Investor die Beste?

In diesem Beispiel unterstellen wir Monatsrenditen, die zu der folgenden grafischen Darstellung der Portfolio-Entwicklung führt.

---

[21] Vgl. Sharpe (1992), S. 16.

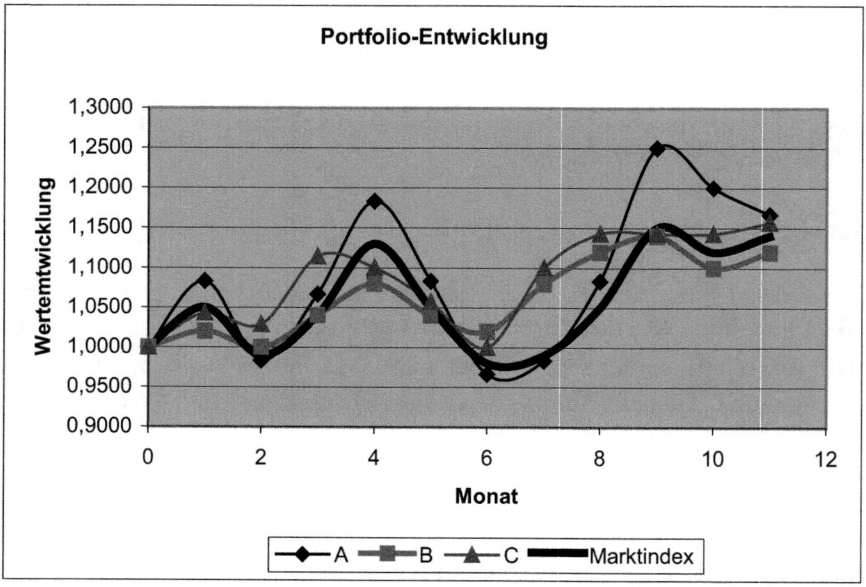


**Abb. 3.** Portfolio-Entwicklung

Werten wir diese Monatsdaten aus, so führen sie zu folgender Ergebnistabelle:

**Tabelle 1.** Ergebnismatrix zur Performance-Darstellung

| | A | B | C | M |
|---|---|---|---|---|
| Ertrag | 0.1667 | 0.1200 | 0.1571 | 0.1400 |
| STD | 0.3221 | 0.1150 | 0.1660 | 0.2109 |
| CORR | 0.9749 | 0.7683 | 0.4741 | 1.0000 |
| Sharpe | 0.4553 | 0.8695 | 0.8260 | 0.5691 |
| M-SQR | 0.1160 | 0.2034 | 0.1942 | 0.1400 |
| alpha | -0.0015 | 0.0042 | 0.0082 | 0.0000 |
| beta | 1.4892 | 0.4190 | 0.3733 | 1.0000 |

**Tabelle 1.** (Fortsetzung)

| | | | | |
|---|---|---|---|---|
| TB-AR | -0.0214 | 0.0567 | 0.0564 | 0.0000 |
| T | 0.0985 | 0.2386 | 0.3674 | 0.1200 |
| R-SQR | 0.9504 | 0.5903 | 0.2247 | 1.0000 |

Obige Tabelle fasst die Performance-Kennzahlen der verschiedenen in Abbildung 3 gegebenen Portfolios zusammen. Nach der Sharpe-Kennzahl oder $M^2$ sowie nach der Treynor/Black-Appraisal-Ratio wäre die Rangfolge der Portfolio-Vorteilhaftigkeit durch B>C>M>A gegeben. Betrachten wir dagegen die Jensen-Kennzahl oder die Treynor-Ratio, so ergibt sich als Rangfolge der Portfolios C>B>M>A.

Letztlich befinden wir uns in einem Dilemma, denn wir erhalten keine eindeutige Antwort zur Frage, welche der vier Alternativen für den Investor die Beste war. Es verbleiben die Portfolios B und C, da sie die anderen Portfolios eindeutig dominieren. Gibt es eine Lösung, die aus diesem Dilemma führt?

## 4 Bedeutung des Portfoliozusammenhangs

Welche der in Abschnitt 3 aufgeführten Performance-Kennzahlen dient am besten zur Beurteilung der Performance? Eine Antwort auf diese Frage lässt sich nicht allgemeingültig formulieren, denn dazu muss insbesondere geklärt werden, in welcher Situation sich der Investor befindet und über welche weiteren Anlagen er verfügt.[22] Die folgende Darstellung greift insbesondere die Unterscheidung des Gesamtrisikos in spezifisches und systematisches Risiko wieder auf. Auf die möglicherweise daraus folgenden Schwachstellen der Performance-Kennziffern wird hier nicht weiter eingegangen.[23]

---

[22] Vgl. z.B. Bodie/Kane/Marcus (2002), S. 816ff.;

[23] Vgl. hierzu z.B. Wilkens/Scholz (1999), S. 314 f.

**Portfoliozusammenhang 1:** Das zu beurteilende Portfolio stellt die einzige Anlage des Investors dar.

Da es sich um die einzige Anlage handelt, verfügt der Investor nicht über eine breite Diversifikation, so dass die Grundannahmen des CAPM nicht erfüllt sind. Folglich ist der Investor nicht nur durch das systematische Risiko dieses Portfolios bedroht, sondern durch das Gesamtrisiko dieser Anlage. Dieses Gesamt-Portfoliorisiko ist zu vergleichen mit dem Risiko einer Benchmark-Anlage, also der nächstbesten Alternativanlage. In einer solchen Entscheidungssituation lässt sich mithilfe der höchsten Sharpe-Kennzahl das für den Investor beste Portfolio ermitteln.

**Portfoliozusammenhang 2:** Das zu beurteilende Portfolio stellt ein aktiv geführtes Portfolio dar, das der Investor mit einem Marktindex-Portfolio zusammenführt. Doch das Ausmass der Diversifikation ist noch nicht ausreichend gross, um das unsystematische Risiko vernachlässigen zu können.

Fragen wir uns doch zunächst einmal, wie die optimale Mischung, nennen wir sie C, aus dem aktiv geführten Portfolio P und dem Marktindex-Portfolio M aussehen würde. Dazu betrachten wir die quadrierte Sharpe-Kennzahl des Portfolios C:[24]

$$S_C^{\ 2} = S_M^{\ 2} + \left[ \frac{\alpha_P}{\sigma(\varepsilon_P)} \right]^2$$

Der erste Summand bezieht sich auf den Marktindex M. Der Klammerausdruck $\alpha_P / \sigma(\varepsilon_P)$ stellt in diesem Zusammenhang eine sinnvolle Ertrag-Kosten-Relation dar, die richtige Kennzahl zur Beurteilung des Portfolios P, die den Beitrag des Portfolios P zur Verbesserung der Sharpe-Kennzahl des Mischungs-Portfolios C beschreibt.

Für den beschriebenen Portfoliozusammenhang lässt sich mit Hilfe der Treynor/Black-Appraisal-Ratio eine sinnvolle Aussage zur Beurteilung des zu bewertenden Portfolios treffen.

---

[24] Vgl. Bodie/Kane/Marcus (2002), S. 816.

**Portfoliozusammenhang 3:** Das zu beurteilende Portfolio wird als eines von vielen Portfolios im Rahmen eines grossen Fondsvolumens geführt. Als Auftraggeber handelt es sich hier beispielsweise um Finanzintermediäre, institutionelle Anleger oder aussergewöhnlich vermögende Privatanleger oder Familien, die das Gesamtvermögen von verschiedenen Portfoliomanagern verwalten lassen.

Mit der Treynor/Black-Appraisal-Ratio kann hier nicht gearbeitet werden, da die verschiedenen Portfolios aktiv geführt werden und deshalb gerade nicht dem Marktportfolio entsprechen. Es kann auch nicht in der Absicht des Investors liegen, in der Summe der einzelnen Portfolios doch wieder ein Marktportfolio zu haben. Jensens $\alpha_P$ ist eine Kennzahl, die die Überrendite des aktiv geführten Portfolios gegenüber dem Marktindex darstellt. Sollte der Investor folglich demjenigen Portfolio-Manager mehr Volumen übertragen, der über Jahre hinweg ein verlässlich höheres $\alpha_P$ erreicht hat? Jensens $\alpha_P$ alleine ist für diese Entscheidung nicht ausreichend, da der Risikobeitrag des einzelnen Portfolios zum Risiko des Gesamtportfolios nicht berücksichtigt wird und der Marktindex M als Asset-Anlage nicht zur Verfügung steht. Legen wir verschiedene aktiv geführte Portfolios P zusammen, so können wir jeweils mit deren $\beta_P$ arbeiten. Diese Kennzahl stellt dar, wie das betrachtete Portfolio P aufgrund von Schwankungen des Gesamtmarktes reagiert. Die jeweiligen $\beta_P$ werden mit ihrem betraglichen Anteil am Gesamtportfolio gewichtet und so lässt sich ein $\beta$ des Gesamtportfolios errechnen. Daraus erkennen wir, dass die Auswahl des oder der besten Portfolios über die Treynor-Kennzahl bewerkstelligt werden kann.

Zurückkommend auf unser Beispiel lässt sich nun in Abhängigkeit des Portfoliozusammenhangs das beste Portfolio identifizieren. Handelt es sich um einen Investor, der nur ein einziges Portfolio besitzt, ist die Sharpe-Ratio bzw. $M^2$ die richtige Ratio, so dass ex post Portfolio B das beste Portfolio war. Handelt es sich bei dem betreffenden Portfolio um ein aktiv geführtes Portfolio, das der Investor mit einem Marktindex zusammenführen wird, wäre die Treynor/Black-Appraisal-Ratio die sinnvolle Kennzahl, was den Investor ebenfalls zu Portfolio B führen wird. Handelt es sich dagegen um ein Portfolio, das nur eines unter vielen aktiv geführten Portfolios darstellt, so wäre die Treynor-Ratio die sinnvolle Kenngrösse, so dass der Investor Portfolio C präferieren wird.

## 5 Performance-Messung als Wettwerbsfaktor

Das Thema Performance-Darstellung kann in dreierlei Hinsicht die Wettbewerbssituation der Bank positiv beeinflussen.

Einerseits können wir unterstellen, dass angesichts der derzeit ungenügenden Darstellung der Portfolio-Performance im Performance-Reporting solche Banken Vorteile erzielen können, die für den Investor eine aussagekräftigere und objektivere Berichterstattung liefern. Da bisher kaum auf die Performance eingegangen wird, erscheint ein mehr an Information auf jeden Fall als Wettbewerbsvorteil, den die Investoren als Qualitätsverbesserung der Bankleistung auffassen.

Andererseits erfordert ein sinnvoller Einsatz der Performance-Ratios ein Wissen um den Portfoliozusammenhang des Investors. Die vermögensverwaltende Bank wird dem Kunden zunächst die Bedeutung des Portfoliozusammenhangs schildern und ihn dann um die notwendige, umfassende Auskunft über seine Vermögenssituation bitten. Ist die betreffende Bank die erste, die diesen Zusatznutzen anbietet, so ist die Wahrscheinlichkeit relativ gross, dass der Kunde diese Informationen tatsächlich liefert. Das Unbehagen, das der vermögende Privatkunde bei der Preisgabe der persönlichen Gesamtvermögensverhältnisse verspürt, wird die Bindung des Kunden an die Bank erhöhen, sobald er diesen Schritt gegangen ist.

Im Falle des Wechsels der Bankverbindung würde der Kunde einerseits diesen Zusatznutzen verlieren und müsste andererseits einer weiteren Bank die volle Information über sein Gesamtvermögen geben. Davor wird er eher zurückschrecken, wir können damit eine erhöhte Kundenbindung unterstellen.

Drittens versetzt die Mehr-Information die Bank in die Lage, den Kunden von der Unvorteilhaftigkeit bestimmter Portfolios bei anderen Banken zu überzeugen und die Anlagen bei anderen Banken auf die eigene Bank zu ziehen.

## 6 Fazit

Es ist festzustellen, dass im Vermögensverwaltungs-Reporting deutscher und liechtensteinischer Banken Angaben zu Performance-Ratios weitgehend fehlen. Mit einer Aufnahme der Ratios in das Reporting liesse sich die Qualität der Vermögensverwaltung steigern. Dies ist ein Anlass, die verschiedenen Performance-Ratios darzustellen und zu vergleichen. Anhand eines Beispiels wird verdeutlicht, dass die Anwendung der Ratios zu unterschiedlichen Rangfolgen und somit in ein Entscheidungs-Dilemma führen kann.

Dieses Dilemma kann beseitigt werden, indem der Focus auf den Portfoliozusammenhang des Investors ausgerichtet wird. Diese Sichtweise erlaubt die Aufstellung eindeutiger Rangfolgen. Schliesslich sei noch darauf hingewiesen, dass das Wissen um den Portfoliozusammenhang dazu genutzt werden sollte, die Position der eigenen Bank gegenüber Wettbewerbern zu verbessern und die Marktposition auszubauen.

## Literatur

**AIMR Association for Investment Management and Research** (1999). Global Investment Performance Standards

**Bodie, Z., Kane, A., Marcus, A.J.** (2002). Investments, 5. Aufl., Boston

**Copeland, T.E., Weston, J.F.** (1988). Financial Theory and Corporate Policy, 3. Aufl., Reading

**Ferguson, R.** (1986). The Trouble with Performance Measurement, in: Journal of Portfolio Management, Vol. 12, pp. 4-9

**Fischer** (2000). zitiert in Steiner/Bruns 2002

**Franke, G., Hax, H.** (1999). Finanzwirtschaft des Unternehmens und Kapitalmarkt, 4. Aufl., Berlin

**Gerke, W., Bank, M.** (1998). Finanzierung, Stuttgart

**Henriksson, R.D., Merton, R.C.** (1981). On Market Timing and Investment Performance. II. Statistical Procedures for Evaluating Forecast Skills, in: Journal of Business, Vol. 54

**Schiereck, D., Viebahn, M.** (2003). Vermögensreporting – Informationsbereitstellung durch das Berichtswesen von Vermögensverwaltungen, European Business School, Department of Finance, Working Paper Series, No. 15

**Sharpe, W.F.** (1992). Asset Allocation: Management Style and Performance Measurement, in: Journal of Portfolio Management, Vol. 19, Winter, pp. 7-19

**Spremann, K.** (2003). Portfoliomanagement, 2. Aufl., München und Wien

**Steiner, M., Bruns, C.** (2002). Wertpapiermanagement, 8. Aufl., Stuttgart

**Treynor, J.L., Mazuy, K.** (1966). Can Mutual Funds Can Outguess the Market? in: Harvard Business Review, Vol. 43

**Wilkens, M., Scholz, H.** (1999). Von der Treynor-Ratio zur Market Risk-Adjusted Performance, in: Finanz Betrieb, 1. Jg., pp. 308-313

**Wittrock, C.** (2000). Messung und Analyse der Performance von Wertschriftenportfolios, 3. Aufl., Bad Soden

**Zimmermann, H.** (1992). Performance-Messung im Asset-Management, in: Controlling, hrsg. von K. Spremann und E. Zur, Wiesbaden, pp. 49-109

# Integrierte Finanzmarktaufsicht in Liechtenstein[1]

**Daniel Thelesklaf**

lic. iur.; Partner der TvT Compliance AG, Zürich

## 1 Entstehungsgeschichte und Ziele des Projekts

Die Organisation der Finanzmarktaufsicht in Liechtenstein ist historisch gewachsen. Sie wird heute von verschiedenen Stellen, namentlich vom Amt für Finanzdienstleistungen (AFDL), der Abteilung Versicherungen im Amt für Volkswirtschaft (AVW) und der Stabsstelle für Sorgfaltspflichten (SSP) wahrgenommen. Daneben übt derzeit die Regierung Aufsichtsfunktionen aus und wirkt als Rekursinstanz. Schliesslich sind auch die Körperschaften öffentlichen Rechts, wie beispielsweise die Treuhändervereinigung mit gewissen disziplinarrechtlichen aufsichtsähnlichen Funktionen betraut.

Im Jahre 2001 hat die Regierung des Fürstentums Liechtenstein eine Studie in Auftrag gegeben, die eine Analyse der Situation und Vorschläge für eine Verbesserung erarbeitet hat. Dieser Auftrag folgte aus dem Grundsatz, dass im Nachgang zu den Wirren um den Finanzplatz – man erinnert sich an das „Blacklisting" Liechtensteins durch die FATF – in Zukunft agiert, nicht mehr reagiert werden solle.

Die Studie[2] kam zum Schluss, dass die Organisation der Finanzmarktaufsicht noch Schwachstellen aufweise und nicht dem modernen internationalen Standard entspreche. Die Zuständigkeit verschiedener Stellen birgt die Gefahr einer Verzettelung der Aufsicht in sich. Die integrale Betrachtungsweise geht verloren bzw. wird erst gar nicht erreicht. Eine solche ist

---

1 Der nachfolgende Beitrag gibt die persönliche Meinung des Verfassers wieder und beruht auf dem Planungsstand im Dezember 2003.

2 Die Verfasser der Studie waren Prof. Dr. R. Kästli, Mitglied der Eidg. Bankenkommission, Prof. H. Schmid, Mitglied der Liechtensteinischen Bankenkommission und Dr. H.-W. Gassner, Wirtschaftsprüfer.

jedoch gerade vor dem Hintergrund des Zusammenwachsens der Finanzmärkte unabdingbar. Die Zuständigkeit verschiedener Behörden kann ausserdem zu Abgrenzungsproblemen, Kompetenzkonflikten und Doppelspurigkeiten führen.

Die massgebenden internationalen Standards fordern die Unabhängigkeit der Aufsichtsbehörde. Das bedeutet, dass die Regierung künftig als Bewilligungs- und Beschwerdeinstanz ausscheiden muss. Im weiteren sollen die bisherigen verschiedenen Aufsichtsbehörden zu einer integrierten Aufsichtsbehörde zusammengefasst werden.

Im Bereich der internationalen Standards wird es darum gehen, die Einhaltung jener Grundsätze, welche auf einer breiten internationalen Basis Anerkennung und auch Anwendung gefunden haben, auch in Liechtenstein sicherzustellen. Dazu sind gegenwärtig insbesondere folgende Standards zu zählen: „Core Principles for Effective Banking Supervision“ (Basel Core Principles) des Basel Committee on Banking Supervision der Bank for International Settlements (BIS) vom September 1997; „Insurance Core Principles“ der International Association of Insurance Supervisors (IAIS) vom September 1997 (revidiert im Oktober 2000); „Objectives and Principles of Securities Regulation” der International Organisation of Securities Commission (IOSCO) vom September 1998; „FATF Forty Recommendations“ der Financial Action Task Force on Money Laundering (FATF) vom Juni 2003; Wolfsberg AML Principles vom Oktober 2000; Empfehlungen des Basel Committee on Banking Supervision betreffend „Customer due diligence for banks“ vom Oktober 2001.

Die Schaffung einer unabhängigen integrierten Finanzmarktaufsichtsbehörde ist ein zukunftsorientierter Schritt für eine nachhaltige Sicherung und Entwicklung des Finanzplatzes Liechtenstein.

Durch die Schaffung einer integrierten Aufsichtsbehörde bleibt Liechtenstein international wettbewerbsfähig. Die Schaffung einer solchen Behörde liegt im Interesse des Finanzplatzes, es wird eine Behörde geschaffen, die ihre Aufgaben effizienter und im Kundeninteresse besser wahrnehmen kann.

Im Januar 2002 erteilte die Regierung den Auftrag, ein Projekt zu lancieren, um in Liechtenstein eine integrierte Finanzmarktaufsicht zu errichten. Dafür wurde eine Projektgruppe[3] und ein Leitungsgremium[4] geschaffen. Die beteiligten Amtsstellen, die Bankenkommission, das Ressort Justiz sowie das Amt für Personal und Organisation sowie externe Experten sind in diesen Gremien eingebunden. Im Juni 2002 erfolgte der Start des Projekts „Integrierte Finanzmarktaufsicht" mit der Aufnahme aller Ist-Prozesse der beteiligten Amtsstellen. Im weiteren Verlauf wurde ein Vorschlag für ein Finanzmarktaufsichtsgesetz (FMAG) und eine Änderung der Landesverfassung erarbeitet. Diese rechtlichen Vorgaben wurden im August 2003 in Vernehmlassung gegeben[5].

## 2 Kernelemente einer unabhängigen integrierten Aufsicht

Die FMA basiert auf folgenden Kernelementen:

- Es wird *eine einzige Behörde*, der die Finanzmarktaufsicht in Liechtenstein obliegt, geschaffen. Die FMA ist eine Behörde mit *eigener Rechtspersönlichkeit* in Form einer öffentlich-rechtlichen Anstalt. Dies bedeutet aber nicht, dass die Finanzmarktaufsicht privatisiert wird. Sie ist nach wie vor eine staatliche Behörde zur hoheitlichen Wahrnehmung öffentlicher Aufgaben.

- Die FMA ist in der Wahrnehmung ihrer gesetzlichen Aufgaben *unabhängig*[6] von der Regierung und den zu beaufsichtigenden Finanzmarktakteuren.

- Die Organe der FMA sind der *Aufsichtsrat*, die *Geschäftsleitung* und die *Revisionsstelle.*

- Die Finanzmarktaufsicht wird wie bis anhin vorwiegend *dualistisch* erfolgen. Einerseits werden Revisionsgesellschaften die Einhaltung der aufsichtsrechtlichen Vorschriften durch die Finanzintermediäre kontrollieren und an die FMA rapportieren (indirekte

---

[3] Unter Leitung des Verfassers

[4] Unter Leitung des Regierungschefs

[5] Siehe unten, Ziff 5

[6] Siehe unten, Ziff 4

Aufsicht). Anderseits sind auch Vor-Ort-Kontrollen durch die FMA (direkte Aufsicht) möglich. Daneben sehen gewisse Spezialgesetze eine direkte Berichterstattung der Beaufsichtigten an die FMA vor.

- Die FMA wird durch einen Beitrag *der öffentlichen Hand* sowie durch von den Finanzintermediären zu bezahlende *Gebühren* finanziert. Der FMA wird jedoch keine Kompetenz zur Festlegung der Höhe der Gebühren eingeräumt. Diese Kompetenz liegt weiterhin bei der Regierung.

- Sofern die erkannten personellen Lücken im Jahr 2004 geschlossen werden können, wird der *Personalbestand nicht erhöht.*

- Die *Sanktionsmöglichkeiten* ergeben sich wie bis anhin aus den entsprechenden Spezialgesetzen. Die Frage, ob die Sanktionsmöglichkeiten jetzt schon branchenübergreifend harmonisiert werden können, wurde eingehend geprüft. Es wurde beschlossen, diese wichtige Frage erst in einer zweiten Phase anzugehen und zunächst die rechtlichen und organisatorischen Voraussetzungen für die Schaffung der neuen Behörde zu erarbeiten.

- Verfügungen der FMA können in zweiter Instanz an eine neu zu schaffende FMA-Beschwerdekommission, in dritter Instanz an den Verwaltungsgerichtshof weiter gezogen werden.

- Die FMA wird ihre Aufsichtstätigkeit *praxisorientiert* wahrnehmen und zu diesem Zweck eine Kooperationen mit den Beaufsichtigten pflegen (beispielsweise bei der Erarbeitung von Regeln zur „Best Business Practice"). Durch den engen Kontakt zwischen der FMA und den unterstellten Finanzintermediären sollen marktnahe sowie praktikable Lösungen entstehen, und eine *Überregulierung* soll *vermieden* werden.

- Der FMA sind *hoheitliche Befugnisse* übertragen. Dies bedeutet aber nicht eine Aufweichung rechtsstaatlicher Grundsätze. So sind die Entscheide der FMA in einem ordentlichen Verfahren anfechtbar und die FMA ist gegenüber dem Landtag rechenschaftspflichtig.

Das Projekt der Einführung einer unabhängigen, integrierten Finanzmarktaufsichtsbehörde ist sehr ehrgeizig. Nach dem Beschluss der Regierung vom Juni 2002 wurde die Projektorganisation darauf ausgerichtet, die Umsetzung sehr sorgfältig vorzubereiten und dabei sich innerhalb eines ehrgeizigen Fahrplanes zu bewegen. Es ist geplant, dass die FMA zum 1. Januar 2005 operativ wird.

Nach der positiven Beurteilung des Finanzplatzes sowohl durch die FATF und den IWF ist die Einführung einer integrierten FMA ein logischer Schritt in Richtung der Erhaltung der internationale Anerkennung des Finanzplatzes Liechtenstein. Aus diesem Grund hat der IWF im Rahmen des OFC-Assessments im Jahr 2002 (der entsprechende Bericht datiert vom Juni 2003) eine Verstärkung der Unabhängigkeit bei der Finanzmarktaufsicht und die zeitgerechte Schaffung einer integrierten und unabhängigen Aufsichtsbehörde empfohlen. Diese Empfehlung hat der IWF im Rahmen seiner Assessments jedoch nicht nur bezüglich Liechtenstein abgegeben, sie lässt sich bei allen Ländern finden, die eine mit Liechtenstein vergleichbare Finanzmarktstruktur haben. So hat der IWF nach einem Assessment der Schweiz im Jahr 2001 (Bericht vom Juni 2002) ebenfalls die mangelnde Unabhängigkeit der Finanzmarktaufsicht kritisiert und eine entsprechende Empfehlung abgegeben. Die Schweiz will dieser IWF-Empfehlung nun ebenfalls nachkommen[7]. Durch die Schaffung der FMA bleibt Liechtenstein international wettbewerbsfähig.

## 3 Unabhängigkeit der FMA im Besonderen

Unabhängigkeit von der Regierung bedeutet, nicht an Weisungen der Regierung gebunden zu sein. Unabhängigkeit bedeutet aber nicht, „frei von Kontrolle" zu sein.

Die von den anerkannten internationalen Standards geforderte Unabhängigkeit einer Aufsichtsbehörde bezieht sich im wesentlichen auf eine Weisungsunabhängigkeit von anderen staatlichen Organen in Bezug auf die Anwendung der Aufsichtsgesetzgebung. Dazu kommt eine Unabhängigkeit in Budgetfragen, wobei es zulässig ist, dass das Land im Rahmen eines

[7] Der Bericht der Expertenkommission wurde im Juli 2003 dem Eidg. Finanzdepartement übergeben

Globalkredits eine Leistung an die Finanzierung der Aufsichtsbehörde erbringt und damit nicht der gesamte Aufwand durch die Unterstellten durch Gebühren finanziert wird. Die FMA wird eine Personalpolitik entwickeln, die neben einer eigenen Gehaltsordnung auch Entwicklungs-, Aus- und Weiterbildungsmöglichkeiten bietet.

Die FMA muss in der Lage sein, erstinstanzlich Verfügungen zu erlassen und Sanktionen aussprechen zu können. Selbstredend sind diese in einem rechtsstaatlichen Verfahren anfechtbar, wobei aber in diesem Rechtsmittelverfahren politische Behörden (z.B. die Regierung) nicht einbezogen werden dürfen.

Als Gegengewicht zu dieser Weisungs- und Budgetunabhängigkeit steht die Oberaufsicht, die primär durch den Landtag wahrgenommen wird. Er wählt nach der derzeitigen Fassung des Entwurfs eines Finanzmarktaufsichtsgesetzes (FMAG) den Präsidenten und Vizepräsidenten des Aufsichtsrates, er genehmigt den Geschäftsbericht und nimmt den Bericht der Revisionsstelle (Finanzkontrolle) entgegen. Schliesslich ist der Landtag für die Sprechung des Landesbeitrages an die Finanzierung der FMA zuständig. Daneben wird auch die Regierung Mitwirkungsrechte haben, die typischerweise als Exekutivakte ausgestaltet sind (Wahl der übrigen Mitglieder des Aufsichtsrates, Festlegung der Entschädigung der Mitglieder des Aufsichtsrates, Genehmigung des Statuts). Darüber hinaus behält die Regierung selbstredend die Kompetenz, auch in diesem Gebiet Verordnungen zu erlassen, namentlich die Gebührenverordnung.

## 4 Integrierte Aufsicht

Von integrierter Aufsicht wird gesprochen, wenn grundsätzlich sämtliche Kategorien von Finanzintermediären einer einzigen Aufsichtsbehörde unterstehen. Als Gründe für eine integrierte Aufsicht können u.a. angeführt werden:

- Die sich beschleunigende Entwicklung der Informationstechnologie führt zu einer zunehmenden *Integration* der *Finanzmärkte*. Das erfordert auch eine *Integration der Aufsicht.*

- Eine integrierte Aufsicht ermöglicht eine *einheitliche Anwendung der Regulierung* für unterschiedliche Finanzintermediäre.

- Eine integrierte Aufsicht *vermeidet Doppelspurigkeiten*, wie sie sich beispielsweise in Bezug auf die Einhaltung der Sorgfaltspflichten ergeben können.

- Die integrierte Aufsicht *vereinfacht den Informationsfluss* zwischen den verschiedenen mit der Aufsicht befassten internen Organisationseinheiten. Sie ist dem in der separierten Aufsicht üblichen Modell des „federführenden" oder „koordinierenden" Aufsehers überlegen.

- Die integrierte Aufsicht verschafft den Finanzintermediären *eine einzige Anlaufstelle.*

- Die derzeitigen *Abgrenzungsprobleme* der Aufgaben zwischen Amt für Finanzdienstleistungen/Amt für Volkswirtschaft einerseits und Stabsstelle für Sorgfaltspflichten andererseits *treten in Zukunft nicht mehr auf.*

- Ein Finanzplatz wie der Liechtensteinische verschwendet Ressourcen, wenn er sich verschiedene Aufsichtsbehörden mit überlappenden Zuständigkeiten leistet.

- Eine mit der integrierten Aufsicht betrauten Behörde verfügt über eine *grössere Marktübersicht.* Sie kann daher knappe Ressourcen dort verstärken, wo die grössten Risiken bestehen. Das ist der separierten Aufsicht nur sehr beschränkt möglich.

- Eine integrierte Aufsichtsbehörde erreicht eine erhöhte *Professionalität*, die ihr besser erlaubt, in internationalen Aufsichtsforen aufzutreten und die liechtensteinischen Interessen wirkungsvoller als heute zu vertreten.

- Eine integrierte Aufsicht bringt grösstmögliche *Synergieeffekte* in Bezug auf Kosten, Personalgewinnung und –entwicklung, Administration und Informatik.

## 5 Vernehmlassungsverfahren

Die rechtliche Umsetzung der oben erwähnten Kernelemente führte zur Erarbeitung eines Finanzmarktaufsichtsgesetz, das zusammen mit der Abänderung der Landesverfassung und sprachlichen Abänderungen der materiellen Aufsichtsgesetze am 13. August 2003 in Vernehmlassung gegeben wurden.

Kernstück der Vernehmlassungsvorlage war das neue Finanzmarktaufsichtsgesetz (FMAG). Es regelt die Organisation der FMA, deren Struktur, die Zuständigkeit der Organe, den Beschwerdeweg, die Finanzierung, Verfahrensfragen und personalrechtliche Grundsätze. Der Vernehmlassungsentwurf des FMAG (VE-FMAG) für das FMAG fand guten bis sehr guten Anklang, in folgenden Punkten wurde indessen Kritik geäussert:

1. Die *Unvereinbarkeitsbestimmungen* für die Mitglieder des Aufsichtsrates seien zu eng gefasst worden (namentlich Art. 7 Abs. 3 VE-FMAG, wonach die Mitglieder des Aufsichtsrates keine Funktionen bei einem Unterstellten ausüben dürfen und keine wesentlichen Beteiligungen an einem Unterstellten halten dürfen). Dies verunmögliche eine Besetzung des Aufsichtsrates mit kompetenten, mit den Gegebenheiten des Finanzplatzes Liechtenstein vertrauten Mitgliedern. Für den Präsidenten und den Vizepräsidenten wurde jedoch mehrheitlich auch von den sich kritisch äussernden Verbänden bejaht, dass diese strenge Unvereinbarkeitsbestimmungen zu erfüllen hätten.

2. Die Schaffung der *FMA-Beschwerdekommission* als erste Rechtsmittelinstanz wurde ins Gesetz eingeführt, nachdem sich einige Branchenverbände schon früh dafür ausgesprochen haben, den dreistufigen Instanzenzug nicht zu verkürzen. In der Vernehmlassung sprachen sich andere Verbände wieder dafür aus, Entscheide der FMA direkt bei der VBI anfechten zu können.

3. Die Regelung der *Revisionsstelle* wurde als ungenügend angesehen und es wurde vorgeschlagen, dafür die Finanzkontrolle des Landes einzusetzen (der VE-FMAG liess diese Frage offen und stellte es dem Wahlgremium frei, auch eine private Revisionsgesellschaft damit zu betrauen).

4. Von verschiedener Seite wurde betont, dass die *Gebühren* nicht erhöht werden dürften. Dabei ist festzuhalten, dass der VE-FMAG die Frage der Höhe der Gebühren nicht regelt, sondern diese unverändert lässt.

Die Änderung von Art. 78 der Landesverfassung bezweckt, eine verlässliche verfassungsmässige Grundlage für die Errichtung der FMA und damit für alle Verfügungen und sonstigen Rechtsakte sicherzustellen. Die bestehende Fassung von Art. 78 LV ist für die Ausgliederung der Finanzmarktaufsichtsaufgaben zu eng gefasst. Würde die Verfassung ungeändert belassen, bestünde die Gefahr, dass in einem Rechtsmittelverfahren ein Gericht zum Schluss gelangen könnte, die verfassungsmässige Grundlage sei nicht gegeben. Damit würde nicht nur der konkrete Entscheid, sondern auch alle künftige Entscheide der FMA ungültig. Die Abänderung der Verfassung wurde mit einer Ausnahme positiv beurteilt. Die gegenteilige Stellungnahme sprach sich generell gegen die Auslagerung von Staatsaufgaben aus der allgemeinen Landesverwaltung aus.

Die Anpassungen der materiellen Aufsichtsgesetze wurden nicht kommentiert, da diese rein sprachlicher Natur sind bzw. die Abschaffung der Bankenkommission betreffen. Die Funktionen der Bankenkommission sollen künftig vom neu geschaffenen Aufsichtsrat übernommen werden.

Der Vernehmlassungsentwurf wurde nach Abschluss des Vernehmlassungsverfahrens im Oktober 2003 eingehend überarbeitet. Es ist geplant, diesen im Januar 2004 der Regierung vorzulegen, welche ihn in der Märzsitzung dem Landtag zur ersten Lesung unterbreiten wird.

## 6 Personelle und finanzielle Konsequenzen der Schaffung der FMA

Per 31. Dezember 2002 wird vom *Amt für Finanzdienstleistungen* die Aufsicht gegenüber 17 Banken, die Rechtsaufsicht gegenüber ca. 300 grenzüberschreitend tätigen Wertpapierdienstleistungsfirmen, 2 Finanzgesellschaften, 91 inländischen und die Rechtsaufsicht gegenüber 180 ausländischen Investmentunternehmen im Rahmen des freien Dienstleistungsverkehrs bzw. einer Niederlassung sowie die Durchführung einer Vielzahl aufsichtsrechtlicher Agenden im Bereich der Freien Berufe (für 112 Rechtsanwälte, 25 Rechtsanwaltsgesellschaften, 64 Konzipienten, 81 Treuhänder, 277 Treuhandgesellschaften, 17 Patentanwälte, 19 Wirtschaftsprüfer, 30 Revisionsgesellschaften und 7 Revisionsgesellschaften im freien Dienstleistungsverkehr) wahrgenommen.

Von der *Abteilung Versicherungen* im Amt für Volkswirtschaft wird die Aufsicht über 21 Versicherungsunternehmen, sowie die Rechtsaufsicht über 27 Niederlassungen von Schweizer Versicherungsunternehmen, 1 EWR-Niederlassung und 100 im freien Dienstleistungsverkehr tätige Versicherungsunternehmen wahrgenommen.

Die *Stabsstelle für Sorgfaltspflichten* ist unter anderem für den Vollzug des Sorgfaltspflichtgesetzes zuständig und beaufsichtigt im wesentlichen alle angeführten Finanzintermediäre.

Diese umfangreichen aufsichtsrechtlichen Aufgaben werden per 31. Dezember 2003 von insgesamt 23 Personen der erwähnten Amtsstellen durchgeführt, was von einer im internationalen Vergleich schlanken Personalstruktur und somit von ausgeprägtem Kostenbewusstsein zeugt. So weist beispielsweise die Finanzmarktaufsichtsbehörde von Jersey bei einem ungefähr doppelt so grossen Finanzplatz einen Mitarbeiterstand von über 80 Personen auf.

Die Errichtung der FMA beansprucht keine zusätzlichen Stellen, sofern sichergestellt werden kann, dass die erkannten personellen Lücken bis Ende 2004 geschlossen werden können. Die derzeitige Planung geht von einem Mitarbeiterbestand von 26 Stellen aus. Die künftige Organisation hat Potenzial für eine bessere Bewirtschaftung der Stellen, zudem können Synergieeffekte genutzt werden. Allerdings ist festzuhalten, dass die finanzmarktaufsichtsrechtlichen Anforderungen, gerade auch im internationalen Umfeld, immer anspruchsvoller werden. Eine ungenügend personell besetzte Aufsichtsbehörde würde sich langfristig auch negativ für den Finanzplatz Liechtenstein auswirken und kann daher nicht im Interesse der Finanzmarktteilnehmer sein.

Mit der Schaffung eines fünfköpfigen Aufsichtsrates erhält die Finanzmarktaufsicht einen erheblichen Kompetenzzuwachs. Der Aufsichtsrat wird die strategische Führung wahrnehmen und auch in grundsätzlichen und präjudiziellen Einzelfragen entscheiden. Das Arbeitspensum der einzelnen Mitglieder des Aufsichtsrates wird durch die anfallenden Arbeiten entschieden, es ist davon auszugehen, dass das Amt – zumindest vorwiegend – nebenamtlich wahrgenommen wird. Damit kann die FMA auch von der Praxiserfahrungen seiner Mitglieder profitieren. Er wird auch die Regierung entlasten, die bis anhin wesentliche Mitwirkung an eigentlichen

Aufsichtsaufgaben hat. Die Regierung kann sich damit mehr auf die finanzmarktstrategischen Fragen konzentrieren, in denen sie sich vom Aufsichtsrat der FMA beraten lassen kann. Auf der anderen Seite bedeutet die Bestellung eines kompetenten Aufsichtsrates einen finanziellen Mehraufwand. Angesichts der volkswirtschaftlichen Bedeutung des Finanzsektors für das Fürstentum Liechtenstein ist dieser aber zu rechtfertigen.

Das Projekt hat darauf verzichtet, im Rahmen der derzeitigen Arbeiten eine Revision der Gebührenordnung ins Auge zu fassen. Die gemischte Finanzierung der Finanzmarktaufsicht (Gebühren der Unterstellten und Landesbeitrag) wird auch nach Schaffung der FMA aufrechterhalten bleiben. Durch die Schaffung der FMA gibt es keine Gebührenerhöhung und die Kompetenz zur Festlegung der Höhe der Gebühren verbleibt bei der Regierung im Rahmen derer allgemeinen Verordnungskompetenz.

# 7 Fazit

Mit der Schaffung der FMA erhält der Finanzplatz Liechtenstein eine moderne, dem internationalen Standard und den Spezifika Liechtensteins entsprechende Finanzmarktaufsichtsbehörde. Die verbleibende Zeit bis zum Inkrafttreten des Gesetzes wird dafür genutzt werden, einen möglichst reibungslosen Übergang sicherzustellen.

Mit diesem vorbeugenden Schritt kann angesichts der zunehmenden Komplexität der internationalen Aufsichtsstandards vermieden werden, mittelfristig reaktiv und unter grossem Zeitdruck handeln zu müssen und damit suboptimale, nicht auf die Spezifika Liechtensteins Rücksicht nehmende Regelungen einführen zu müssen.

Die Schaffung einer integrierten Aufsichtsbehörde liegt auch im Interesse der Akteure auf dem Finanzplatz Liechtenstein. Die Einhaltung der internationalen Standards ist eine wesentliche Voraussetzung für die internationale Anerkennung der liechtensteinischen Finanzmarktaufsicht und die Erhaltung der guten Reputation des Finanzplatzes. Eine international anerkannte Aufsicht stellt die Grundvoraussetzung für Finanzintermediäre dar, global agieren zu können. Zudem wird damit eine Behörde geschaffen, die ihre Aufgaben effizienter und im Kundeninteresse erfüllen kann.

# Der Fondsplatz Liechtenstein im Standortwettbewerb

**Matthias Voigt**

Präsident des Liechtensteinischen Anlagefondsverbandes, Management Board ProfitFundCom AG, Vaduz

## 1 Einleitung

Wenn man nachstehende Statistik mit den Fondsvolumina der einzelnen Länder betrachtet, dann fällt recht schnell auf, dass Liechtenstein, an drittletzter Stelle liegend, deutlich vom allgemeinen Bild abweicht. Etwas ironisch bemerkt, könnte der Titel des Themas auch „Der Fondsplatz Liechtenstein – Mut zur Zukunft“ oder gar „Mut zum Risiko“ lauten.

Allerdings, wie man im folgenden Text nachlesen kann, sind vielleicht diese Zahlen vergleichbar, aber im Zusammenhang mit einer Zeitachse etwas differenzierter zu betrachten. Im Folgenden wird der Fondsplatz und die damit verbundene Entwicklung etwas näher beschrieben, um das Bewusstsein einer neuen Option in den Fondsmärkten zu wecken.

## 2 Der LAFV

Den Liechtensteinischen Anlagefonds Verband LAFV gibt es nun seit etwas mehr als 3 Jahren. Anfangs vielleicht etwas belächelt und von allen streng beobachtet, nach dem Motto „Was wollen die denn eigentlich“. Später im Laufe der Zeit als Finanzplatzorganisation etabliert und, soweit man das hört, durchaus ordentlich aufgestellt. Der Verband ist auf nationaler und internationaler Ebene in allen möglichen Gremien oder Komitees vertreten und hat sich unter anderem zum Ziel gesetzt, an der Entwicklung von offiziellen gesetzlichen Rahmenbedingungen mitzuwirken. Wir haben uns bemüht, den Geist und die Gunst der Stunde zu nutzen.

**Tabelle 1.** NET Assests of the European Investment Foundation

## NET ASSETS of the European Investment Fund Industry

| | 30.06.2003 | | 31.03.2003 | | 31.12.2002 | |
|---|---|---|---|---|---|---|
| MEMBERS | EUR m | Share | EUR m | % chg (1) | EUR m | % chg (2) |
| **France** | 960.500 | 21,40% | 915.450 | 4,90% | 891.000 | 7,80% |
| **Luxembourg** | 876.552 | 19,50% | 823.936 | 6,40% | 844.508 | 3,80% |
| **Germany** | 797.501 | 17,80% | 746.450 | 6,80% | 750.964 | 6,20% |
| **Italy** | 390.290 | 8,70% | 371.254 | 5,10% | 372.316 | 4,80% |
| **United Kingdom** | 384.970 | 8,60% | 336.354 | 14,50% | 370.235 | 4,00% |
| **Ireland** | 328.535 | 7,30% | 300.334 | 9,40% | 303.881 | 8,10% |
| **Spain** | 188.143 | 4,20% | 177.980 | 5,70% | 172.913 | 8,80% |
| **Netherlands** | 93'200 (3) | 2,10% | 93'200 (3) | - | 93.200 | - |
| **Austria** | 89.921 | 2,00% | 86.595 | 3,80% | 85.821 | 4,80% |
| **Switzerland** | 80.444 | 1,80% | 75.889 | 6,00% | 86.462 | -7,00% |
| **Belgium** | 78.532 | 1,80% | 74.552 | 5,30% | 77.181 | 1,80% |
| **Sweden** | 62.059 | 1,40% | 54.508 | 13,90% | 56.065 | 10,70% |
| **Denmark** | 43.625 | 1,00% | 39.130 | 11,50% | 38.288 | 13,90% |
| **Greece** | 30.841 | 0,70% | 27.942 | 10,40% | 27.096 | 13,80% |
| **Portugal** | 25.742 | 0,60% | 24.845 | 3,60% | 24.509 | 5,00% |
| **Finland** | 19.912 | 0,40% | 17.596 | 13,20% | 15.749 | 26,40% |
| **Norway** | 14.695 | 0,30% | 13.409 | 9,60% | 14.753 | -0,40% |
| **Poland** | 7.035 | 0,20% | 6.038 | 16,50% | 5.528 | 27,30% |
| **Liechtenstein** | 6.647 | 0,10% | 3.447 | 92,90% | 3.675 | 80,90% |
| **Hungary** | 4.224 | 0,10% | 4.474 | -5,60% | 3.974 | 6,30% |
| **Czech Republic** | 3.700 | 0,10% | 3.565 | 3,80% | 3.304 | 12,00% |
| **All Funds** | 4.487.069 | 100,00% | 4.196.947 | 6,90% | 4.241.421 | 5,80% |
| UCITS Assets | 3.488.056 | 77,70% | 3.255.634 | 7,10% | 3.288.494 | 6,00% |
| Non-UCITS Assets | 1.001.014 | 22,30% | 941.314 | 6,30% | 952.929 | 5,00% |

(1) End-June 2003 compared to end-March 2003.
(2) End-June 2003 compared to end-December 2002.
(3) Figure at end 2002.

1 UCITS is used in this note in the sense of publicly offered open-end funds investing in transferable securities and money market funds.

Mit einem kurzen Blick in die Vergangenheit des Fondsplatzes zeigen sich einige wichtige Meilensteine, die für die Entwicklung und den Stand „heute" die Basis bilden:

| | |
|---|---|
| 1995 | Liechtenstein wurde EWR-Mitglied |
| 1996 | Liechtenstein implementierte die verschiedenen EU-Direktiven in nationales Recht. Einführung des IUG mit seinen Verordnungen. |
| 1996 | Gründung der ersten Fondsleitungen und Anlagefonds |
| 1996 – 1999 | Entwicklung des Fondsvolumens von |
| | CHF 435,2 Mio. auf 2,3 Mrd. 1999 (verfünffacht) |
| 1999 – heute | von CHF 2,3 Mrd. auf 13,6 Mrd. (versechsfacht) |

Schaut man auf die fulminante Entwicklung des Fondsvermögens des Fondsplatzes in einem im Vergleich kurzen Zeitraum, was sicherlich kein Vergleich mit den Grössenordnungen im Volumen von Frankreich (960 Mrd.), Deutschland (797 Mrd.) Luxemburg (876 Mrd.), Irland (328 Mrd.) u.s.w. ist, kann man schon beeindruckt sein.

Man stellt auch fest, wenn man das Volumen analysiert, dass diese Entwicklung in erster Linie möglich war, weil die liechtensteinischen Banken Gelder repatriiert haben und somit den Löwenanteil des Fondsvolumens auf sich vereinigen. Hier zeigt sich das grosse Vertrauen der Bankenlandschaft in die liechtensteinischen Fondsstrukturen und Rahmenbedingungen. Unabhängig von dieser Repatriierung ist nämlich auch ganz klar, dass unsere bestehende gesetzliche Plattform durch die Banken geprüft, mit anderen verglichen und schlussendlich für gut befunden wurde. Das wiederum bedeutet, dass das Fondsvolumen von CHF 13.6 Mrd., als Hausnummer, im internationalen Geschäft dazu führt, dass Liechtenstein in diesem Marktsegment internationale Beachtung und Aufmerksamkeit findet oder finden sollte. Denn offensichtlich verfügt das Land über saubere, transparente Gesetzte und Verordnungen und auch über entsprechende Professionalität im Umgang mit den Fondsprodukten im Allgemeinen. Unser Land verfügt über eine Finanzaufsicht, die gerade in den letzten Jahren mit Ihren Aufgaben wachsen musste, was auch geschehen ist, und nicht zuletzt, um internationalen Anforderungen gerecht zu werden, wird derzeit, wie Sie alle wissen, eine neue unabhängige integrierte Finanzmarktaufsicht installiert. Das wiederum sollte dazu beitragen, dass der Ruf unseres Fonds- und

Finanzplatzes im internationalen Umfeld weiter gefestigt wird, wenn die gebündelte Effizienz der Aufsicht im Jahr 2005 zum Tragen kommt.

Auch, und das ist mindestens ebenso wichtig, wird unser IUG (Gesetz über Investmentunternehmen) und die Verordnungen derzeit an die neuen EU-Direktiven angepasst, sodass wir im Rahmen des internationalen Wettbewerbs weiterhin mit modernen und vergleichbaren Rahmenbedingungen arbeiten können und so etwas wie internationale Waffengleichheit haben, um die unternehmerischen Aktivitäten unseres Fondsplatzes auch effizient umsetzen zu können.

## 3 Fondsplatz Liechtenstein

Wenn man nun, wenn auch in der Kürze der Zeit nur rudimentär, die Plattform des Fondsplatzes anschaut, muss man sich im internationalen Wettbewerb eigentlich nicht verstecken. Bedenkt man zudem noch, dass der Fondsplatz gerade mal 7 Jahre alt ist, kann man behaupten, dass mit Siebenmeilenstiefeln gelaufen wurde. Gleichzeitig kann man über die Grenzen schauen und erste vorsichtige Vergleiche anstellen und Standortvorteile identifizieren.

Der Fondsplatz Liechtenstein im Standortwettbewerb. Im Grunde stellt sich die Frage:

Kann sich ein so junger Platz überhaupt einem Standortwettbewerb stellen?

Wir meinen Ja, wenn wir auf unser eben geschildertes Rahmenwerk schauen.

Wir meinen Ja, wenn wir über die Grenzen schauen und die Aktivitäten anderer Fondsplätze beobachten.

Blickt man in die einzelnen europäischen Länder, stellt man leicht fest, dass das Fondsvolumen jeweils in nationale Kanäle fliesst. Das heisst, dass der nationale Anlegermarkt ausreichend gross ist, um einen Absatz eigener Produkte zu gewährleisten. Fonds aus Ländern wie Frankreich, Deutschland, Spanien, Italien, England, um mal einige zu nennen, haben wohl grosse Fondsvolumina von Euro 100 Mrd. plus, sind aber mit ihren Produkten verhältnismässig wenig international ausgerichtet.

Länder wie Luxemburg oder Irland haben ein vergleichsweise kleines nationales Geschäft, sind aber mit ihren Fonds in fast allen Ländern Europas zum Vertrieb zugelassen.

Liechtenstein ist in einer ähnlichen Situation: es hat einen sehr kleinen regionalen Absatzmarkt und, fast schon als Muss, eine starke internationale Ausrichtung um entsprechendes Volumen zu generieren.

Grundsätzlich kann man hier ableiten, dass Länder wie Luxemburg und Irland, schon allein wegen der Tatsache, dass deren Fondsmärkte schon seit vielen Jahren international etabliert sind, eine entsprechende Infrastruktur haben und über die entsprechende internationale Akzeptanz verfügen, sich als Marktführer präsentieren. Dies führt aber auch dazu, insbesondere mit Blick auf das riesige Fondsvolumen, dass sich die Länder mehr und mehr in eine Art Grosshandel bewegt und quasi logistische Schwierigkeiten haben, Fonds in kleinen Grössenordnungen bis vielleicht Euro 50.00 Mio. zu administrieren. Hier schlägt eine der Stunden des Liechtensteinischen Fondsplatzes. Liechtenstein kann im Grosshandel, von einigen Ausnahmen vielleicht abgesehen, nicht so richtig mithalten. Die Stärke ist oder sollte sein, neben dem Grosshandel eine effiziente und hochqualifizierte Boutique zu entwickeln und zu unterhalten.

In dieser Nische liegt wahrscheinlich eine der Stärken im Standortwettbewerb, denn in Zusammenarbeit mit Vermögensverwaltern, kleinen Privatbanken ohne eigene Kapitalanlagegesellschaft, Family-Offices, Versicherungen oder Institutionellen, können europäisierte Fonds, vom Volumen her kleine Lösungen, wie erwähnt, international interessant und effizient erstellt werden.

Eine weitere Stunde kann dem Fondsplatz schlagen, wenn man die gesetzlichen Rahmenbedingungen analysiert. Im Grunde genommen sind die europäischen Gesetzgebungen, nicht zuletzt durch die EU-Direktiven, fast identisch und vergleichbar. Das kommt insbesondere dann zum Tragen, wenn man Fondsprodukte europaweit vereinfacht zum Vertrieb anmelden will. Hier müssen gewisse Standards und Anlagebegrenzungen eingehalten werden, die essentiell sind für die jeweiligen Zulassungsverfahren.

So gesehen ergeben sich hier, wenn überhaupt, nur marginale Unterschiede, Vorteile oder Nachteile. In Liechtenstein kennt man aber, wie in der

Schweiz, neben den normalen IU für Wertpapiere auch das IU für andere Werte. Der entscheidende Unterschied ist der, dass im IU für andere Werte der Anlagepolitik und den Anlageinstrumenten quasi keine Grenzen gesetzt sind. Das heisst, mit einem im Sinne des Anlegerschutzes sehr ausführlichen und präzisen Risikohinweis mit entsprechend detaillierten Erklärungen, können hier sehr individuelle Konstrukte gebaut werden, wie z.B. Venture Capital Funds, Private Equity Funds, Hedge Funds oder gar Mischungen aus den genannten Produkten. Der Fantasie sind hier wenig Grenzen gesetzt.

Vordergründig wären diese Produkte, einmal in Liechtenstein konzessioniert, nur im Lande selbst vertreibbar. Aber im Zusammenspiel mit den Versicherern kann hier eine fondsgebundene Versicherung kreiert werden. Die Versicherung hat in der Regel die europäische Vertriebsbewilligung, ist aber, als quasi institutioneller Anleger, frei in der Auswahl der Anlage der vereinnahmten Prämien. Somit, ein wenig durch die Hintertür, wären auch nicht UCIT fähige Fonds, also ein IU für andere Werte, als Underlying einer Versicherungspolice in der EU vertreibbar.

Der guten Ordnung halber muss aber auch gesagt werden, dass in diesen Konstruktionen eine sehr, sehr gute Schulung der Vertriebspartner gewährleistet sein muss, um den Endanleger nicht zu übervorteilen, sprich mit implizierten Risiken zu überfordern, die er nicht oder nur teilweise versteht. Im Grunde sind dies Produkte für ein anspruchsvolles Klientel und weniger für Kleinsparer und Rentner, eben individualisierte Boutiqueware.

Diese Art der Produkte kann selbstverständlich unabhängig von Versicherern, für alle anderen Kundenkreise, Vermögensverwalter, kleine Banken ohne KAG, Institutionelle, Family Offices, HNi, UHNi in Frage kommen, solange sie nicht zwingend im Rest von Europa zum Vertrieb angemeldet werden sollen.

## 4 Standortvorteile des Fondsplatzes Liechtenstein

Darüber hinaus, neben der etwas produktbezogenen Situation unseres Fondsplatzes, haben wir noch eine Reihe von begleitenden Standortvorteilen, die, jeder für sich und in der Summe, die Aktivitäten unterstützen und für Neugeschäft interessant sein sollten:

- Die lange Tradition im Finanzdienstleistungsbereich
- Die politische und wirtschaftliche Stabilität
- Anlegerfreundliches IUG
- Kundenfreundliches Bankengesetz
- Strenges Sorgfaltspflichtgesetz
- Die internationale Kompatibilität der Gesetze und Verordnungen
- Die Kleinheit des Finanzplatzes
- Die Kleinheit des Fondsplatzes
- Funktionierendes Bankensystem (Depotbanken)
- Pro-aktives Amt für Finanzdienstleistungen (Finanzmarktaufsicht)
- Pro-aktives internes Netzwerk
- Das Know How der Fondsproduzenten und Marktteilnehmer
- Die kurzen Entscheidungswege bei den Produzenten
- Die kurzen Wartezeiten auf Anfragen
- Stetig wachsendes Bewusstsein über die Bedeutung einer übergreifenden Zusammenarbeit mit den verschiedenen Finanzplatzsegmenten
- Ein unabhängiger, unpolitischer Verband, der als Sprachrohr aller Fonds- und Anlagegesellschaften auftritt und der ganz pragmatisch seine Rolle als Vermittler zwischen seinen Mitgliedern und den Behörden definiert (also weder Mitgliedergewerkschaft noch verlängerter Arm von Behörden ist.)
- Ein Verband, der sich bemüht, auf internationaler Ebene im europäischen Dachverband FEFSI Fuss zu fassen, um entsprechendes Monitoring und Marketing für Liechtenstein im Ausland zu betreiben und in die entsprechenden Kanäle fliessen zu lassen, sowie am internationalen Informationsfluss zu partizipieren.

Dies sind mal einige Punkte von vielen, die zu nennen den Rahmen sprengen würde. Aber in einer Zusammenfassung ermöglicht es durchaus die Aussage, dass der Fondsplatz wettbewerbsfähig ist. Nochmal: das gesetzliche Rahmenwerk mit all seinen Einrichtungen, Gesetzen, Verordnungen, einer funktionierenden und effizienten Finanzaufsicht, einem guten Bankensystem und einem funktionierenden Entscheidungsmechanismus ist die Basis für den Fondsplatz Liechtenstein.

Die unternehmerischen Aktivitäten, die Identifikation und Loyalität zum Finanz- und Fondsplatz Liechtenstein, der eigene hohe Qualitätsanspruch für in Liechtenstein konzessionierte Produkte, der sehr wichtige und gelebte Anlegerschutz, Moral und Ethik im Geschäftsgebaren, all das ergibt eine Einheit, die durchaus schlagkräftig und zukunftsorientiert ist.

## 5 Boutique Liechtenstein

Der weltweite Fondsmarkt ist, wenn man es etwas global betrachtet, eine Zusammenstellung von verschiedenen Optionen. Hierbei wird bewusst der Begriff Option und nicht Alternative verwendet, weil in der Begriffbestimmung grosse Unterschiede liegen, die wiederum das Gesamtbild entscheidend verändern könnten. Also hat jeder Investor, jeder Fondspromotor die Möglichkeit, aus einer Vielzahl von weltweiten Optionen sich die für ihn passende Lösung, also das für ihn optimale Rahmenwerk auszusuchen. Sucht jemand eine individualisierte kleinere Lösung, kommt er nicht an der Boutique Liechtenstein vorbei. Sucht er einen Platz für Massenware, ist der Grosshandel Luxemburg heute wohl noch besser geeignet. Hier entsteht, wie in allen Volkswirtschaften, die Auswahl zwischen Gross- und Einzelhandel. Der Unternehmer muss dafür sorgen, dass einige Grosshandelskunden mal in einer Boutique stöbern und erkennen, dass für manche Gelegenheit ein Massanzug besser ist, als einer von der Stange. Um aber nicht allzu euphorisch und arrogant zu werden, muss auch gesagt werden, dass alle, die Unternehmer, der Staat, die Aufsicht und der Verband, noch viel Arbeit zu bewältigen haben. Der Stand von heute indiziert eigentlich zunächst mal den eingeschlagenen Weg und die Richtung. Alle gemeinsam, und auch jeder für sich, müssen ständig am Konstrukt Fondsplatz arbeiten, um zu verbessern, die Standards zu optimieren und das Rahmenwerk optimal zu gestalten.

Die Verantwortung der Unternehmer ist gross und die Unternehmer müssen sich dieser Verantwortung stellen. Man darf nicht versuchen, diese an den Staat abzugeben, also muss man immer wieder Vorschläge und proaktive Massnahmen zur Optimierung der Rahmenbedingungen einbringen.

Der Staat muss seinerseits Sorge tragen, dass die Rahmenbedingungen immer up to date sind, also dass die Vorschläge und Massnahmen, soweit es irgend möglich ist, immer berücksichtigt werden.

Der Staat muss sich ganz offiziell zum Fondsplatz Liechtenstein bekennen.

Der Staat muss die Kostensituation des Fondsplatzes, also Steuern, Gebühren usw. auf ein international akzeptables Niveau bringen und halten, um die Wettbewerbsfähigkeit der Unternehmer zu erhalten oder sogar zu fördern.

Der Staat und die Unternehmer müssen gemeinsam weiter am Image des gesamten Platzes arbeiten, um für alle Finanzplatzsegmente für Waffengleichheit im internationalen Kontext zu sorgen.

Der LAFV mit seinen nationalen und internationalen Aktivitäten reicht hier die Hand und unterstützt, wo er kann. In einem kleinen Umfeld ist es unglaublich wichtig, dass das Motto „Gemeinsam sind wir stark" wörtlich genommen und soweit möglich danach gelebt wird.

Der Fondsplatz Liechtenstein im Standortwettbewerb ist eigentlich ein riesengrosses Thema, über das man schon fast ein Buch schreiben kann. Man kann als Ansatz Statistiken und Zahlenkränze bemühen und einen Ist-Stand aufzeigen, der wiederum Liechtenstein und seine Mitbewerber vergleichbar macht, soweit das bei den Volumenunterschieden überhaupt möglich ist, aber einen Blick in die Zukunft insofern erschwert, als die Statistiken in der Regel zu einer subjektiven entweder zu konservativen oder zu euphorischen Einschätzung führen können.

Man kann aber auch die Vergangenheit schlicht zur Kenntnis nehmen und auf Basis von tatsächlich vorhandenen Fakten einen zugegebenermassen visionären Blick in die Zukunft werfen. Im Fall Liechtenstein kommt nur diese Betrachtung zum Tragen, zumal der Platz gerade mal 7 Jahre jung ist, also im richtigen Leben im vergangenen Jahr schulpflichtig wurde und die fulminante Entwicklung von Fonds- und Anlagegesellschaften, die Anzahl der Fonds und des Fondsvolumens erst ab dem Jahr 1999/2000 stattgefunden hat. Ein wenig philosophisch ausgedrückt, befindet sich die Fondsindustrie im Grundschulalter, hat die Flegeljahre noch vor sich und will aber im Laufe der Zeit Abitur machen oder einen ordentlichen Beruf erlernen. Die „Fondswelt" liegt noch grossflächig vor den Fondsplatzakteuren, die heute und morgen agieren, anstatt reagieren können.

Irgendwie stellt sich ebenso die Frage, ob man nur von einem ordentlichen Standortwettbewerb sprechen soll oder kann oder ob nicht ein ganz anderes Thema relevant wird. Denn bei europäisierten vereinheitlichten gesetzlichen Rahmenbedingungen spielt der Unternehmer, also die Fondsleitung oder Anlagegesellschaft, sicherlich eine ganz wichtige Rolle im internationalen Wettbewerb um den Kunden. In einem solchen Umfeld müssen gegebenenfalls zusätzliche Kriterien neben dem Standort beachtet werden. Auch wenn das hier nicht so sehr das Thema ist, fallen spontan Begriffe wie „Qualität" oder „Kosten/Nutzen-Verhältnis", die in einem solchen Umfeld sicherlich absolute Priorität haben und schlussendlich das Vergleichsmerkmal schlechthin werden. Um das kurz zu bemerken, auch hier kann man mit den Begriffen Warenhaus und Boutique operieren.

Man sieht also, es wird versucht, sich auf sich verändernde Umfelder einzustellen, um durch Flexibilität und Initiative, wie auch immer die Entwicklungen sein werden, für den Wettbewerb gerüstet zu sein, auch im Rahmen der vorhandenen Strukturen mitspielen zu können ganz im Sinne des gesamten Finanzplatzes Liechtenstein.

Schlussendlich aber steht die unternehmerische Verantwortung und die pro-aktive Kooperation mit der Regierung gegenüber Gesellschaft, Kunden, dem Land und dem Platz im Vordergrund.

Kommen Sie rein, schauen Sie raus, hier werden Sie besser behandelt als nebenan.

**„Die Boutique ist eröffnet"**

# Steueroptimierte Vermögensverwaltung mit Lebensversicherungen in Liechtenstein

**Hans Haumer**

Dr., Präsident des Liechtensteinischen Versicherungsverbandes e.V., Verwaltungsratspräsident der CapitalLeben Versicherung AG, Schaan

## 1 Einleitung: Ein rasch wachsendes Segment der Vermögensbildung

Der Markt für Lebensversicherungen gehört zu den am raschesten wachsenden Bereichen der Finanzwirtschaft. Das Thema Vorsorge für Alter und Wohlstand hat im Licht von Problemen der „ersten“ und „zweiten“ Säule in den meisten Industriestaaten einen neuen Stellenwert erhalten.

Zunächst möchte ich ein paar Zahlen nennen, die ein Gefühl für die Grössenordnungen unseres Marktes geben. Das Wachstum der Lebensversicherungsprämien in Europa in den letzten 10 Jahren beträgt insgesamt 116%, das aktuelle Aufkommen der Lebensversicherungsprämien beträgt jährlich etwa € 500 Milliarden. Wir sprechen also von riesigen Summen. Es gibt eine sehr unterschiedliche Durchdringung mit Lebensversicherungen je nach Land, wie z.B. in Grossbritannien oder den Niederlanden eine sehr hohe, aber in manchen Märkten wie z.B. in Italien eine sehr niedrige. In der gesamten EU betrugen die für Lebensversicherungen 2001 einbezahlten Prämien 5,8% des BIP. Details zeigt die untenstehende Tabelle.

Es versteht sich von selbst, dass dieses ungeheure Potential für jeden Finanzplatz von Interesse ist. In unterschiedlichem Ausmass, aber mit steigender Tendenz werden Versicherungen heute auch von den Privatbanken als Instrument der Vermögensbildung eingesetzt, um das Bedürfnis der Kunden nach steueroptimalen Veranlagungen zu befriedigen und diese Mittel auch weiterhin verwalten und veranlagen zu können. In manchen Ländern werden bereits die Hälfte aller neuen Lebensversicherungen über Banken verkauft. Auf dem Finanzplatz Liechtenstein ist mit dem weiter unten beschriebenen Modell der individualisierten Police ein Instrument entstanden, welches besonders attraktiv für das Private Banking ist. Denn

**Tabelle 1.** Lebensversicherungsprämien in europäischen Ländern (2001; Quelle: CEA)

| Land | in € Mia. | in % BIP |
|---|---|---|
| GB | 171 | 10,5 |
| D | 62 | 3,0 |
| F | 84 | 5,8 |
| I | 46 | 3,8 |
| NL | 26 | 6,0 |
| S | 23 | 3,5 |
| EU | 482 | 5,6 |

mit diesem Produkt wird den Möglichkeiten des Versicherungsvertrages die volle Palette der Vermögensverwaltung hinzugefügt und zu einer völlig neuartigen und für den Kunden besonders interessanten Form der Vermögensplanung und des Vermögensmanagements entwickelt.

## 2 Vermögenssicherung als Kernkompetenz

Liechtenstein wurde nach dem Erwerb der Grafschaft Vaduz und der Herrschaft Schellenberg vor 300 Jahren im Jänner 1719 zu einem Fürstentum des Heiligen Römischen Reiches Deutscher Nation. Nach dessen Ende 1806 wurde Liechtenstein ein unabhängiger Staat. Der Wiener Kongress bestätigte 1815 die Souveränität und Unabhängigkeit des Fürstentums. Die wirtschaftlichen und politischen Bande mit Österreich blieben eng.

Die Ursprünge des Finanzplatzes gehen auf das Ende der österreichisch-ungarischen Monarchie zurück, als man die gesetzlichen Voraussetzungen (Personen- und Gesellschaftsrecht, PGR 1926) u.a. für die Gründung von Holdinggesellschaften, Stiftungen und Trusts schuf, um nach der Zerschlagung alter wirtschaftlicher Strukturen einen „Ankerplatz“ für heimatlos gewordene Industriebeteiligungen aus den ehemaligen Kronländern zu bieten. Seit 1924 ist Liechtenstein in einer Zoll- und Währungsunion mit der Schweiz verbunden und der Schweizer Franken ist die nationale Währung. Die schweizerische Nationalbank spielt daher die Rolle eines „lender of last resort“. Das war, wie die Währung selbst, von Anfang an ein wichtiger Vertrauensfaktor für Liechtenstein.

Der internationale Finanzplatz entstand aber erst nach dem Zweiten Weltkrieg. 1945 betrug die Bilanzsumme der damaligen zwei Liechtensteiner Banken (die Liechtensteinische Landesbank, die ehemalige 1861 gegründete Sparkasse, und die 1921 errichtete Bank in Liechtenstein) lediglich 5 Mio. Franken. Heute belaufen sich die von den 16 Banken Liechtensteins verwalteten Finanzaktiva auf über CHF 100 Mia. Weitere CHF 100 bis 150 Mia. werden von liechtensteinischen Sitzgesellschaften betreut.

Vor allem Fürst Hans Adam II. hat die Öffnung und internationale Akzeptanz des Kleinstaates durch einige wichtige strategische Entscheide gefördert. Das Land ist seit 1990 Mitglied der Vereinten Nationen und seit 1995 des europäischen Wirtschaftsraumes. Es geniesst ein AAA Rating durch die zwei bedeutendsten internationalen Ratingagenturen, welches nach der Volksabstimmung über den Verfassungsentwurf des Fürstenhauses im März 2003 erneut bestätigt wurde. Seit dem Beitritt zum EWR wurden und werden die Gesetzesmaterien im Einklang mit EU-Richtlinien angepasst und erlassen. Man kann daher davon ausgehen, dass sämtliche die Finanzwirtschaft betreffenden Rahmenbedingungen und Standards EU-konform sind – eine wichtige Grundlage für die Tätigkeit aller Finanzdienstleister.

Die fürstliche Regierung und die liechtensteinischen Finanzinstitutionen arbeiten eng zusammen, um die Wettbewerbsfähigkeit des Finanzplatzes durch eine umsichtige Wahrung seiner Integrität und eine innovative Entwicklung von Dienstleistungen der verantwortungsbewussten Vermögenssicherung zu stärken und seine weitere Internationalisierung zu fördern. Als eine neue Entwicklung in Richtung *onshore* (d.h. Finanzprodukte im Einklang mit der steuerlichen Jurisdiktion des Wohnsitzstaates) ist der Aufbau des Versicherungsplatzes zu erwähnen, von dem ja auch hier die Rede ist.

## 3 Liechtenstein arbeitet nach dem Reinheitsgebot

Die internationale Gemeinschaft hat die seit längerem währende Diskussion über die Abwehr von kriminellen Geldern und Sicherung der Stabilität des Finanzsystems vor allem nach dem 11. September 2001 weiter verstärkt. Seit der Tätigkeit der FATF, welche im Nachhang zur UNO Drogenkonvention 1988 als Financial Action Task Force zur Bekämpfung der Geldwäscherei eingerichtet wurde, kam es zu zahlreichen Massnahmen und

Empfehlungen zur Bekämpfung der Finanzkriminalität und *financial abuse* im allgemeinen. Die Zielsetzungen dieser konzertierten internationalen Aktion waren und sind bekanntlich im Wesentlichen:

- Die Identifizierung von Kunden und die Abwehr krimineller Gelder, welche durch die Sorgfaltspflichtregeln erfüllt wird und vor allem der FATF obliegt;
- der verbesserte Zugang zu Bankinformationen, ein bislang nicht voll erfülltes Anliegen der OECD, das den automatischen Informationsaustausch zwischen den Steuerbehörden zum Ziel hat;
- hohe Standards der Überwachung von Finanzinstitutionen, um die Stabilität des Finanzsystems zu sichern, worum sich der Internationale Währungsfonds (IMF) kümmert.

Liechtenstein hat in den letzten Jahren mit einer Reihe von strikten Massnahmen auf diese Anforderungen reagiert, um die *Compliance* mit legitimen globalen Anforderungen an die Bekämpfung von Finanzverbrechen zu sichern. Der IMF hat im November 2002 ein so genanntes *Offshore Center Assessment* durchgeführt und Liechtenstein in allen Punkten ein sehr gutes Zeugnis ausgestellt. In diesem Sinn kann sich der Finanzplatz heute einer international und öffentlich zugänglichen Qualitätspunze nach dem „Reinheitsgebot" für Finanztransaktionen erfreuen.

Die seit langem geplante internationale Besteuerung von Kapitalerträgen durch eine Quellensteuer und/oder durch Informationsaustausch mit dem Wohnsitzfinanzamt des Bankkunden wird aller Voraussicht nach zu Stande kommen, weil – und wenn endgültig – mit den so genannten Drittländern, vor allem der Schweiz und auch Liechtenstein, in sehr wesentlichen Punkten materieller Konsens über „gleichwertige Massnahmen" erreicht wurde und werden dürfte.

Allerdings wird Liechtenstein ebenso wie die Schweiz weiterhin die Privatsphäre von Anlegern schützen, und einem von der EU noch favorisierten, und von der OECD immer wieder geforderten automatischen Informationsaustausch keineswegs zustimmen, wohl aber in der Bekämpfung des Steuerbetrugs kooperativ sein.

## 4 Das Versicherungsrecht bietet rechtliche und steuerliche Diversifikation

Der Versicherungsplatz Liechtenstein ist mit dem Versicherungsaufsichtsgesetz 1996 nach dem EWR-Beitritt entstanden. Damals wurden die ersten Gesellschaften gegründet, es wurde dann 1998 von den damaligen 8 Versicherungsunternehmungen der Liechtensteinische Versicherungsverband (LVV) ins Leben gerufen. Das Prämienaufkommen 2003 wird auf wenigstens 1 Milliarde geschätzt, und das Kapital der Deckungsstöcke unter Verwaltung auf mehr als 3 Milliarden. Der Fokus des Geschäfts der Versicherungen in Liechtenstein ist das Lebensversicherungsgeschäft, das rund 95% des Prämienaufkommens ausmacht. Fast alle europäischen Länder haben sich im CEA (*Comité Européen des Assurances*), dem Europäischen Versicherungsverband, zusammengeschlossen, um überregionale Entwicklungen zu beobachten und gemeinsame Probleme zu bearbeiten. Seit 2003 ist auch der LVV Mitglied des CEA. Die Mitgliedschaft im CEA dient dazu, an den Informationen und Entscheidungen auf europäischer Ebene im Vorfeld teilhaben zu können, fördert die internationale Akzeptanz des Finanzplatzes und erlaubt es der Versicherungswirtschaft des Landes, den *state of the art* der Branche hautnah verfolgen zu können.

Das noch verhältnismässig kleine, aber stark wachsende Versicherungsgeschäft soll vor allem die Vermögenssicherung und das Wealth Management – wie bekannt die Kernkompetenz des Finanzplatzes Liechtenstein – ergänzen und stärken. Das liechtensteinische Versicherungsrecht bietet mit der hundertprozentigen Umsetzung der einschlägigen EU-Richtlinien eine sehr gute Basis für die Entwicklung und den internationalen Vertrieb eigenständiger Produkte. Es kann sicherlich gut argumentiert werden, dass Vermögensstrukturen auf der Grundlage eines Lebensversicherungsvertrages auch für sehr vermögende Kunden, welche bereits andere Rechtsinstitute wie Stiftungen oder Trusts nutzen, eine gute Möglichkeit der Diversifikation in einen anderen europaweit anerkannten rechtlichen und steuerlichen Rahmen darstellen.

Die unten stehende Tabelle zeigt den guten und beständigen Aufbau des Geschäfts in den letzten Jahren, was gleich dem langsam wachsenden Baum auch das beste Holz verspricht, und wohl auch das grosse noch ungenutzte Potenzial erahnen lässt:

**Tabelle 2.** Prämienaufkommen 1998 – 2002 der liechtensteinischen Versicherungswirtschaft in CHF Mio. (Quelle: LVV)

| 1998 | 1999 | 2000 | 2001 | 2002 |
|---|---|---|---|---|
| 214 | 241 | 334 | 497 | 693 |

Das Versicherungsgeschäft dürfte und sollte im Rahmen der Kernkompetenz Vermögenssicherung ein immer wichtigerer Bestandteil des Angebots auf dem Finanzplatz werden. Früher galt das aus dem britischen Recht der Kolonialzeit stammende Offshore-Prinzip als *raison d'être* des Geschäfts. Im Licht der Entwicklungen der letzten Jahre zu mehr Transparenz und steuerlicher Konformität (FATF, *September 11*, OECD, EU seien als Stichworte genannt) und nicht zuletzt auch wegen der aktiven Verfolgung einer international kooperativen Strategie durch Liechtenstein gewinnt der Gedanke des *cross border onshore* immer mehr Gewicht. Darunter ist die Strategie zu verstehen, Finanzdienstleistungen nur mehr im Einklang mit den steuerlichen und sonstigen rechtlichen Gegebenheiten der Wohnsitzstaaten von internationalen Kunden, wenn auch grenzüberschreitend anzubieten.

## 5 Die Vorteile von Private Insuring für Private Banking

In einem Artikel der Zeitschrift Wealth News[1], welche von 21 i net (einem „Club" von besonders kompetenten „Wealth Partners") herausgegeben wird, stellt Stuart Fairclough den interessanten Vergleich zwischen einem Trust und einer Versicherungslösung an und kommt zum Schluss, dass insbesondere in den *code civil*-Ländern des Kontinents die Lebensversicherungslösungen der „dritten Generation" an Bedeutung stark zunehmen werden.

Wir wissen, dass Private Banking einen immer umfassenderen Betreuungsansatz finden muss, ein besseres Eingehen auf die Bedürfnisse des Kunden nötig ist und immer bessere Instrumente der Betreuung erforderlich werden, welche im Rahmen einer offenen Produktarchitektur zu immer mehr kombinierten Leistungen führen, die ein Private Banker oder Wealth Consultant zu koordinieren hat. Die rechtliche und steuerliche Be-

[1] Life Assurance in International Tax Planning, Wealth News 1/2004

handlung von Vermögensstrukturen ist jedenfalls ein Thema, dem immer stärkere Bedeutung für die *Clientèle* von Privatbanken zukommt. Laut dem World Wealth Report[2] legen die besonders vermögenden Kunden grössten Wert auf steuereffiziente und in vollem Einklang mit der *Compliance* stehende Lösungen der Vermögensbetreuung. Dabei können Versicherungslösungen wertvollen Input liefern. Wir bei CapitalLeben nennen diese Lösungen in Anlehnung an das Private Banking *Private Insuring*.

Wie erwähnt beruht das liechtensteinische Versicherungsrecht auf den internationalen Rechtsgrundlagen und den einschlägigen EU-Richtlinien und stimmt damit überein. Die EU-Konformität unseres Rechts und eine bilaterale Vereinbarung mit der Schweiz bietet die einmalige Grundlage für das hiesige Versicherungswesen. Liechtensteinische Versicherungsunternehmen können sowohl in der Schweiz wie auch im EWR-Raum auf gesicherter Rechtsbasis tätig werden. Gleichzeitig wurde im traditionellen Geist der liechtensteinischen Liberalität der zur Verfügung stehende Gestaltungsspielraum durch das Versicherungsaufsichtsgesetz 1996 (VersAG) weit gehend ausgeschöpft.

Von Interesse ist auch, dass Liechtenstein als einziges Land ein dem Bankgeheimnis genau nachgebildetes Versicherungsgeheimnis besitzt. Art. 44 VersAG regelt es so: Mitglieder der Organe, Mitarbeiter sowie sonst für Versicherungsunternehmen tätige Personen sind zur zeitlich unbegrenzten Geheimhaltung über Tatsachen verpflichtet, die ihnen aufgrund der Geschäftsverbindung mit Kunden anvertraut oder zugänglich gemacht worden sind. Für Versicherungsunternehmen in der Schweiz gibt es keine mit dem Bankgeheimnis vergleichbare gesetzliche Pflicht zur Geheimhaltung. Auch in anderen Ländern mit gutem Bankgeheimnis wie Luxemburg oder Österreich ist ein Versicherungsgeheimnis unbekannt.

Auch der internationale Aufsichtsstandard ist ein wesentliches Kriterium von vermögenden Kunden, wenn sie das Vertrauen in einen Finanzplatz und eine Branche testen. Seit der Internationale Währungsfond im Herbst des vergangenen Jahres den Finanzplatz Liechtenstein als *compliant* im Sinne der Einhaltung aller Standards und Richtlinien eingestuft hat, hilft uns der Hinweis auf diese phantastische Punze der Qualität im Ausland sehr

---

2 World Wealth Report, jährlich herausgegeben von Merrill Lynch und Gemini, Jahrgang 2002

bei unseren Vertriebsaktivitäten. Ich habe bei einem ersten Kontakt mit dem europäischen Versicherungsverband mit dem Hinweis auf diesen im Internet veröffentlichten Bericht des IMF über das *Offshore Center Assessment* 2002 die Diskussion über dieses Thema sehr positiv führen können.

Wir sprachen von steuereffizienter und steuerlegaler Vermögensbildung, welche HNWIs heute in zunehmendem Mass voraussetzen. Warum sind Versicherungen steuerlich gefördert? Dies geschieht politisch betrachtet auf der Grundlage der langfristigen und gebundenen Vorsorge, in erster Linie für das Alter, der auch ein gewisses aktuarisches Element innewohnt. Langfristigkeit ist immer ein Kriterium der Steuerbegünstigung, das in allen nationalen Gesetzen in unterschiedlichem Ausmass als Voraussetzung verlangt wird. Das aktuarische, oder versicherungstechnische Element bezieht sich auf die zugrundeliegende Wahrscheinlichkeit, die Zeitpunkt und Höhe der Leistung an die Begünstigten mit beeinflusst, und welche dem reinen Portfoliomanagement fremd ist. Aus diesen Überlegungen, die auch Teil der offiziellen EU-Politik sind, ist auch in der vor Umsetzung stehenden EU-Zinsenrichtlinie die Befreiung der Versicherungsverträge von der Besteuerung vorgesehen.

Neben der Jurisdiktion des Wohnsitzstaates, als massgeblichem Standard für die Beurteilung der Steuereffizienz einer modernen Vermögensstrukturierung, müssen wir auch den oben erwähnten und mit der Bekämpfung von *financial abuse* begründeten Trend zur Transparenz von Finanzverhältnissen zur Kenntnis nehmen. Das Thema KYC („Kenne deinen Kunden") und die Debatte über den Informationsaustausch in Steuerfragen ist ja allen hinreichend bekannt. Ich glaube, dass man sich jedenfalls auf eine Welt einstellen muss, in der Transparenz und Compliance wichtiger werden. Vorsorgelösungen haben auch aus diesem Blickwinkel heraus eine gute Zukunft, weil sie ein weit verbreitetes und akzeptiertes Instrument der Vermögenssicherung sind.

## 6 Die konkreten Vorteile von Private Insuring

Ich habe vorher von ein paar wesentlichen Vorteilen des liechtensteinischen Versicherungsrechts gesprochen und zwei davon – die ziemlich freie Anlage und das Versicherungsgeheimnis – bereits erwähnt. Ich möchte Ihnen nun die wesentlichen Merkmale eines typischen liechtensteinischen Versicherungsvertrages zusammenfassend vor Augen führen, wie er im

Private Banking ideal zur Verbesserung des Kundennutzens verwendet werden kann, gezeigt am Beispiel Private Insuring der CapitalLeben Versicherung. Diese „fürstlichen Vorteile“ bestehen aus folgenden wichtigen fünf Punkten:

- *Anlageprivileg*: Freie Wahl des Investments, des Vermögensverwalters und der Depotbank. Es wird eine individuelle Police und dazu ein individueller Deckungsstock errichtet, dessen Vermögensgestion jede beliebige Anlagestrategie praktisch ohne Einschränkung abbilden kann. Dieser individuelle Deckungsstock kann von einer (akzeptierten und renommierten) Bank oder einem Vermögensmanager nach dem Anlageprofil und der Wahl des Versicherungsnehmers verwaltet und bei der – gleichen oder auch einer anderen oder mehreren Depotbanken des Vertrauens verwahrt werden.

- *Steuerprivileg*: Steueroptimierung in Übereinstimmung mit dem Steuerrecht des Versicherungsnehmers. Die Anlage geniesst beim Vermögensaufbau und teilweise auch bei der Vermögensverwendung steuerliche Begünstigungen nach dem Recht des Wohnsitzstaates des Versicherungsnehmers. In der Regel ist der Vermögensaufbau von Kapitalbesteuerung oder Einkommenssteuern voll entlastet, wenn bestimmte Kriterien des Versicherungsvertrages im Sinn der steuerlichen Vorgaben des Wohnsitzstaates eingehalten werden. Die Vermögensverwendung ist in manchen Fällen vollkommen steuerfrei (derzeit noch Kapitalablöse, z.B. in Deutschland), teilweise (erheblich) steuerlich begünstigt.

- *Konkursprivileg*: Die Police sichert Familienangehörige im Konkursfall des Versicherungsnehmers, und der Deckungsstock geniesst nach EU-Recht im Fall der Liquidation der Versicherung den Status des Absonderungsvermögens. Die nahen Angehörigen und die Lebenspartner sind also finanziell besonders geschützt, sollte der Versicherungsnehmer (der Familienerhalter) in Konkurs gehen.

- *Erbschaftsprivileg*: Der Wert der Police fällt nicht in den Nachlass. Bei Nennung von Dritten als Begünstigten fallen Lebensversicherungen nicht in den Nachlass. Die Leistung wird selbst dann ungeschmälert ausgezahlt, wenn die Erbschaft (z.B. wegen Überschuldung) ausgeschlagen wird. Allfällige rechtliche oder sonstige Schwierigkeiten und Verzögerungen im Nachlassverfahren können vermieden werden.

- *Stiftungsprivileg*: Die Police bietet stiftungsähnliche Vorteile. Die Gestaltung der Begünstigung ist individuell und flexibel wie bei einer Stiftung, kann jederzeit und unkompliziert vom Versicherungsnehmer geändert werden und ist einfacher zu administrieren. Demnach ist der Versicherungsvertrag eine Ergänzung dieser Modelle, die ein Private Banker kennen muss.

Vielleicht sollte man auch noch kurz erwähnen, dass es nicht nur für den Kunden, sondern auch für den Vertriebspartner Bank oder Vermögensverwalter Vorteile gibt. Für die Privatbank, für das Private Banking stärkt dieses Instrument die Vertrauensbindung zum Kunden, denn ein langfristiger Versicherungsvertrag erfordert mehr Beschäftigung mit der eigenen Lebenssituation und führt zu nachhaltigeren Entscheidungen, fordert aber auch noch ein höheres Mass an Vertrauen und resultiert daher letztlich in einer stärkeren Bindung zwischen Kunde und Bank. Versicherungsverträge, die eine 15jährige Laufzeit haben, bedeuten eine viel ruhigere Verbindung auf Jahre.

Ein steigender Anteil der Lebensversicherungsverträge wird wie schon erwähnt über Banken abgeschlossen, obwohl der vorherrschende traditionelle Lebensversicherungsvertrag für die Bank bei weitem nicht die Vorteile hat, wie sie ein liechtensteinischer Vertrag haben kann: Denn in unserem Falle bleibt das Geld bei der mit uns kooperierenden Bank, und die Bank behält ihre individuelle Vermögensverwaltung und das Wertschriftendepot.

## 7 Vermögen verantwortlich managen

Ich möchte Ihnen abschliessend in Verbindung zur eingangs gemachten Bemerkung über die Grösse des Versorgungsmarktes noch etwas über seine dynamische Zukunft sagen. Wir sehen ganz allgemein eine starke Zunahme von Vorsorgeprodukten, wir sehen aber auch überall in Europa eine starke Zunahme der sogenannten *Distribution Alliances* zwischen Banken und Versicherungen. Wie sieht das Szenario der Zukunft also aus?

Insbesondere im obersten Vermögensbereich wachsen die Vermögen weiterhin sehr stark, stärker als der Durchschnitt der Bildung von Finanzvermögen jedenfalls. Die Anzahl und das Vermögen der Millionäre hat sich ständig erhöht. Sogar in der schwierigen Phase zwischen 2000 und 2002 nahm die Zahl jener HNWI, die wenigstens eine Million US Dollars zu investieren hatten, von weltweit 7 auf 7,3 Mio. zu. Ihr Gesamtvermögen wuchs von 25.000 Mia. auf 27.200 Mia., weil sie auch ein wesentlich ausgeprägteres Verhältnis zur richtigen Anlagestrategie und Vermögenssicherung als der Durchschnitt der Anleger zu besitzen scheinen. Gerade in diesem Segment der sehr vermögenden Anleger werden steuereffiziente und steuerlegale Lösungen zunehmend gesucht.

Die Politik der EU fördert eine Reihe von Massnahmen der Vorsorgepolitik, unter anderem auch die berufliche und individuelle Vorsorge (*portable pension*) und individuelle Versicherungsverträge, die der Vorsorge dienen, und von der Besteuerung der Kapitalerträge ausgenommen sind. Die von mir oben erwähnten zunehmend offenen Architekturen begünstigen die Erweiterung der Palette des Private Banking durch ideal dafür geeignete liechtensteinische Lebensversicherungen.

Auch die EU Zinsenrichtlinie wird Bewegung in den Markt bringen, auch in den liechtensteinischen Markt. Und ich bitte die Kollegen und Kolleginnen zu bedenken, dass Ihnen die Versicherungslösung bei der Zähmung dieser Bewegung helfen kann.

Der Finanzplatz Liechtenstein muss sich in der Betreuung von Private Wealth neu positionieren, sowohl mit *state of the art*-Know-how als auch mit Verantwortung und Ethik bei der Verwaltung des Reichtums. Die weitere Entwicklung von Know-how heisst, alle jene Produkte und Dienstleistungen kompetent und wettbewerbsfähig anzubieten, die auch *onshore* angeboten werden können. Im Wort Verantwortung ist auch die Zukunftssicherung mit eingeschlossen. Wir können nur ein guter Finanzplatz sein und bleiben, wenn wir unseren Kunden zukunftssichere Lösungen anbieten. Wir sind mitten in der „Neuerfindung" des Finanzplatzes Liechtenstein. Diese Neuerfindung haben wir vielleicht zu einem grossen Teil auch als erlitten zu betrachten, sollten sie aber auch als eine Chance wahrnehmen, aus der neuen Lage etwas zu machen. Steuerlegale und steuereffiziente, partnerschaftliche Lösungen zwischen Private Banking und Private Insuring bieten dazu viel neues Potenzial.

In diesem Sinn kann ein mögliches Motto für den Finanzplatz sein: *Vermögen verantwortlich managen.*

# Gedanken zu einem Steuersystem mit Zukunft

**Klaus Tschütscher**

Dr. iur., Liechtensteinische Steuerverwaltung, Amtsvorstand-Stellvertreter, Leiter Rechtsdienst, Vaduz

## 1 Einleitung

In einem Aufsatz, welcher sich mit Anforderungen an eine Unternehmenssteuerreform beschäftigt, steht folgender Satz geschrieben:

„Der Befund 'business goes global, taxes stay local' kann nicht länger als Entschuldigungsgrund für eine Untätigkeit der Politik dienen.“[1]

Was ist von dieser Aussage zu halten?

Zunächst ist es sicherlich richtig festzustellen, dass die rasante Zunahme von grenzüberschreitenden Geschäftsbeziehungen, neue Technologien und Geschäftsformen sowie die zunehmende Mobilität von Produkten, Produktionsfaktoren und Unternehmen dazu führen, dass offene Volkswirtschaften dem internationalen Wettbewerb ausgesetzt sind. Dieses „Business goes global“ gilt dabei für kleine Volkswirtschaften wie diejenige Liechtensteins ganz besonders, wobei sich diese Tendenz in Zukunft sogar noch erheblich verschärfen dürfte.

In dieser forcierten Globalisierung der Wirtschaft stellen Steuern sodann für die Unternehmen, Investoren und Anleger Kosten dar und sind als solche ein wichtiger Faktor bei Standortentscheiden. In diesem Umfeld gewinnt die Gestaltung der nationalen Steuerpolitik („taxes stay local“) für die Wirtschafts- und Finanzpolitik an Bedeutung, da im internationalen Wettbewerb durch attraktive steuerliche Bedingungen Standortvorteile geschaffen und Steuersubstrat gewonnen werden kann. Die fortschreitende

---

[1] Norbert Herzig/Christoph Watrin, Betriebswirtschaftliche Anforderungen an eine Unternehmenssteuerreform, StuW 4/2000, S. 379.

Globalisierung führt damit also letztlich zu einem institutionellen Steuerwettbewerb zwischen Staaten.

Im Wettstreit um die verschiedenen Besteuerungssubstrate haben in den letzten Jahren deshalb zahlreiche Staaten, darunter auch viele sog. Off-Shore-Zentren, den Befund „Business goes global, taxes stay local" nicht als Entscheidungsgrundlage für eine Untätigkeit betrachtet, sondern im Gegenteil erhebliche Anstrengungen zur Verbesserung ihrer steuerlichen Rahmenbedingungen unternommen. So vergeht auch heute kaum ein Tag, an dem nicht Meldungen über Änderungen in der Steuergesetzgebung verschiedener Jurisdiktionen zu vernehmen sind, vor allem mit Bezug auf die Schaffung steuerlich attraktiver Tax Incentives.

Wo steht diesbezüglich Liechtenstein? Die Haltung Liechtensteins war in den vergangenen Jahren meines Erachtens vor allem vom Bewusstsein eines äusserst positiven Gesamtbildes der liechtensteinischen Volkswirtschaft und dem stets ausgeglichenen Staatshaushalt geprägt. Diese Entwicklung wurde vor allem auch der Kontinuität und Stabilität des liechtensteinischen Steuersystems zugeschrieben.

Mit Blick auf die bereits erwähnten steuerlichen Entwicklungen in vergleichbaren und konkurrierenden Wirtschaftsplätzen, aber auch aufgrund der verschiedenen internationalen Steuerinitiativen, die an das Land herangetragen wurden, hat in den letzten Monaten auch in Liechtenstein eine breite Diskussion rund um die künftige Ausrichtung des Steuerrechts eingesetzt. Erinnert sei in diesem Zusammenhang an das Projekt „Zukunft Finanzplatz Liechtenstein" oder die Studien der von der Regierung eingesetzten Arbeitsgruppe „Internationale Entwicklungen des Steuerrechts".

Im Sinne eines Diskussionsbeitrags möchte ich im Folgenden ebenfalls einige Überlegungen und Ideen anstellen, die mir im Hinblick auf eine zukünftige Gestaltung des liechtensteinischen Steuersystems wichtig erscheinen. Es geht mir dabei nicht um wissenschaftliche Exaktheit oder um die Beachtung einer bestimmten ökonomischen Theorie oder gar um den Anspruch eines idealen Steuersystems.

Vielmehr werde ich versuchen, anhand von 5 Thesen ein paar Grundsätze und Leitlinien zu formulieren, die nach meinem Dafürhalten an ein zukunftsgerichtetes Steuersystem des Kleinstaates Liechtenstein zu stellen sind. Wo immer möglich, werde ich dabei den Bezug zum heutigen Steuerrecht – insbesondere zum Unternehmenssteuerrecht – herstellen und entsprechende Schwachstellen aufzuzeigen versuchen.

# 2 Thesen

## 2.1 These 1: Schaffung dynamischer Flexibilität im Systemzusammenhang zwischen direkten und indirekten Steuern

In Theorie und Praxis wird eine ausgewogene Verteilung der Gesamtsteuerlast auf verschiedene Steuerarten als richtig erachtet. Welche Verteilung dabei als ausgewogen angesehen wird, hängt jeweils von den Besonderheiten des Landes und seiner Geschichte sowie in starkem Masse auch von den politischen Präferenzen ab. Gilt dies uneingeschränkt auch für Liechtenstein?

Zunächst kann festgehalten werden, dass auch in Liechtenstein – wie in den meisten anderen Ländern – das Steuersystem aus einer Vielzahl verschiedener Steuerarten mit unterschiedlichen Steuersubjekten und unterschiedlichen Steuerobjekten bzw. Bemessungsgrundlagen besteht.

Wie aber sieht es mit der Ausgewogenheit der Verteilung aus? Ist Liechtenstein insbesondere autonom und frei, selbst festzulegen, welches Verteilungsverhältnis es unter den verschiedenen Steuerarten als ausgewogen hält?

Im Grundsatz ist diese Frage selbstverständlich mit „Ja“ zu beantworten. Bei einer näheren Betrachtung muss die Antwort jedoch gleichwohl zurückhaltender ausfallen. Rufen wir uns in diesem Zusammenhang deshalb vorerst die geltenden Quellen unseres Steuerrechts in Erinnerung:

Einschlägige Rechtsgrundlage im Bereich der direkten Steuern, also der Steuern auf Einkommen und Vermögen, bildet im wesentlichen das Gesetz über die Landes- und Gemeindesteuern aus dem Jahre 1961.

Im Bereich der indirekten Steuern zeigt sich das Bild wesentlich differenzierter. Während die Couponsteuer sowie die Erbschaftssteuern ihre Rechtsgrundlage ebenfalls im Steuergesetz aus dem Jahre 1961 haben, werden die übrigen – wichtigeren und ergiebigeren – indirekten Steuern entweder unmittelbar auf der Grundlage schweizerischer Erlasse erhoben oder sie stützen sich mittelbar auf solche ab. Die steuerrechtliche Verzahnung Liechtensteins mit der Schweiz im Bereich der indirekten Steuern präsentiert sich im Einzelnen wie folgt:

1. Aufgrund des Zollanschlussvertrags finden gleich mehrere schweizerische Verbrauchssteuern auch für das Gebiet des Fürstentums Liechtenstein direkt Anwendung. Erwähnt seien unter anderem die Mineralölsteuer, die Steuer auf Bier und gebranntem Wasser sowie die Tabaksteuer. Bei diesen Steuerarten hat Liechtenstein sowohl die Gesetzgebungshoheit als auch die Erhebungshoheit an die zuständigen schweizerischen Behörden übertragen.

2. Eine vergleichbare Abhängigkeit besteht im Weiteren bei den sogenannten Stempelabgaben, also der Emissionsabgabe, der Umsatzabgabe sowie der Abgabe auf Versicherungsprämien. Hinsichtlich dieser Rechtsverkehrssteuern kommt dem Fürstentum Liechtenstein gemäss ausdrücklicher Regelung in den liechtensteinisch-schweizerischen Ausführungsbestimmungen die Stellung eines schweizerischen Kantons zu; es ist dem Fürstentum folglich untersagt, im Geltungsbereich der genannten Steuern eigenständig zu legiferieren.

3. Mit Bezug auf die wohl wichtigste indirekte Steuer, die Mehrwertsteuer, ist schliesslich festzuhalten, dass Liechtenstein diese seit ihrer Einführung im Jahre 1995 in eigener Regie und auf der Basis eines eigenständigen nationalen Gesetzes erhebt. Aufgrund eines Vertrages und einer Vereinbarung mit der Schweizerischen Eidgenossenschaft hat sich Liechtenstein jedoch verpflichtet, die materiellen Vorschriften der schweizerischen Mehrwertsteuergesetzgebung fortlaufend in sein Landesrecht zu übernehmen. Diese Verpflichtung hat bereits bei der Einführung der Mehrwertsteuer gegolten, und gilt genauso für allfällige spätere Abänderungen. Sie findet ihre Begründung – vereinfacht gesprochen – darin, dass solange das Staatsgebiet Liechtensteins und der Schweiz ein gemeinsames Mehrwertsteuerinland bilden, solange auch einheitliche Vorschriften die Voraussetzung für das Funktionieren dieses gemeinsamen Systems sind.

Fassen wir die Rechtslage hinsichtlich der Grundlagen der Besteuerung in Liechtenstein zusammen, so stellen wir fest, dass die Steuerautonomie nur hinsichtlich der direkten Steuern vollumfänglich gegeben ist, wohingegen bei den indirekten Steuern eine weitgehende Abhängigkeit von der Schweiz besteht.

Es stellt sich die Frage nach der Zukunft: Zunächst ist meines Erachtens nicht zu erwarten und wohl auch nicht realistisch, dass die rechtliche Situation hinsichtlich der indirekten Steuern in den nächsten Jahren eine grundlegende Änderung erfahren wird. Nehmen wir dies als Prämisse an, so ist sodann darauf hinzuweisen, dass der Anteil der indirekten Steuern an den Gesamtsteuern in der Schweiz mit 30% im internationalen Vergleich sehr tief ist und eine erhebliche Belastung bei den direkten Steuern besteht. Nicht unbedeutende Stimmen in der Schweiz verlangen deshalb eine Korrektur dieses Ungleichgewichts und eine massvolle Verlagerung der Steuerbelastung von den direkten zu den indirekten Steuern, insbesondere zur Mehrwertsteuer.

Im Lichte dieser Erkenntnisse, also der rechtlichen und faktischen Abhängigkeit im Bereich der indirekten Steuern einerseits, sowie der verstärkten Tendenz zur Verlagerung der Besteuerung auf eben diese indirekten Steuern andererseits, sollte im liechtensteinischen Steuersystem für den verbleibenden, eigenständigen Pfeiler der direkten Steuern grösstmögliche Flexibilität angestrebt werden. Diese Flexibilität bedarf dabei einer dynamischen Betrachtungsweise, welche die wechselseitigen Interdependenzen zwischen direkten und indirekten Steuern berücksichtigt. Die Flexibilität muss im Weiteren unabhängig davon bestehen, welche Steuerarten es in diesem Pfeiler des Steuersystems geben soll, und ebenso unabhängig davon sein, ob die direkte Besteuerung nach den herkömmlichen, traditionellen Grundsätzen erfolgt, oder sich in Richtung Konsumbesteuerung orientiert.

## 2.2 These 2: Laufende Ausrichtung des Steuersystems an die Anforderungen der internationalen Wettbewerbsfähigkeit

Die zunehmende internationale Verflechtung der Wirtschaft stellt nicht nur Anforderungen an die Marktteilnehmer selbst, sondern auch und vor allem an die steuerlichen Standortqualitäten. Angesichts der erhöhten Mobilität führen deshalb Mängel und Schwächen des Steuersystems rasch zu erheblichen Nachteilen im internationalen Standortwettbewerb. Wie sieht es mit der internationalen Wettbewerbsfähigkeit des liechtensteinischen Steuersystems aus?

Bei den indirekten Steuern hat Liechtenstein den wesentlichen Schritt zu einem modernen und wettbewerbsfähigen Steuersystem mit dem Übergang von der Warenumsatzsteuer zur Mehrwertsteuer als Allphasen-Umsatzsteuer mit Vorsteuerabzug bereits vollzogen. Das liechtensteinisch-schweizerische Mehrwertsteuersystem zeichnet sich dabei einerseits durch seine vollumfängliche Kompatibilität im europäischen Umfeld, anderseits auch durch im internationalen Vergleich sehr niedrige Steuersätze aus.

Anders sieht es im Bereich der direkten Steuern, insbesondere im Bereich des Unternehmenssteuerrechts aus, Nota bene einem Bereich, der in besonderem Masse der internationalen Konkurrenz ausgesetzt ist. Die massgeblichen steuerrechtlichen Vorschriften finden sich – wie bereits erwähnt – im Gesetz über die Landes- und Gemeindesteuern aus dem Jahre 1961. Diese Vorschriften haben in den gut 40 Jahren ihres Bestehens keine substantiellen Anpassungen erfahren; wesentliche und grundlegende Entwicklungen sind daher nicht, zumindest im Gesetz nicht, nachvollzogen worden.

Hinsichtlich der Wettbewerbsfähigkeit der direkten Steuern und des Unternehmenssteuerrechts im Speziellen möchte ich im Folgenden sechs Punkte herausgreifen, die nach meinem Dafürhalten bei einer Neugestaltung des liechtensteinischen Steuerrechts zu beachten sind:

1. Generell sollten wir uns vorerst die Entwicklung Liechtensteins zum heute bestehenden, ausgesprochen diversifizierten Wirtschaftsstandort vor Augen halten. Aus dieser Vielseitigkeit ist zwingend der Schluss zu ziehen, dass Liechtenstein zu differenziert ist, um in Zukunft nur für bestimmte Zielgruppen von Steuerzahlern oder nur für bestimmte Geschäftsfelder ein attraktiver Standort sein zu wollen. Das Steuersystem und die Steuerpolitik sind vielmehr gezielt und ausgewogen auf diese Vielseitigkeit hin auszurichten und zu optimieren.

2. Hinsichtlich der Beurteilung der Steuerattraktivität wird in Ländervergleichen an erster Stelle vor allem die Höhe der Steuersätze als Massstab herangezogen. Es fällt auf, dass die Steuersätze international eine klare Tendenz nach unten aufweisen. Liechtenstein steht in diesem Vergleich bei den direkten Steuern dennoch nach wie vor gut da. Bei der internationalen Kompetitivität der Steuerbelastung wird be-

kanntlich jedoch nicht nur auf die nominellen Steuersätze abgestellt, sondern die Vorschriften zur Ermittlung der Bemessungsgrundlage stellen auch entscheidende Parameter dar. Gerade im Bereich des Unternehmenssteuerrechts ist somit den Normen zur steuerlichen Rechnungslegung, wie zum Beispiel den Abschreibungs-, Bewertungs- oder Verlustvortrags- und Rückstellungsregelungen, besonderes Augenmerk zu schenken. Jedenfalls gilt es, die diesbezüglichen Tendenzen in anderen Ländern genau zu beobachten.

3. Die vermehrte internationale Ausrichtung der Wirtschaft zeichnet sich nicht allein durch grenzüberschreitende Geschäftsbeziehungen, sondern auch durch die Präsenz von Unternehmen auf den jeweiligen Investitions-, Produktions- und Absatzmärkten aus, sei dies in Form von Betriebsstätten oder Tochtergesellschaften im Ausland. Als unmittelbare Folge dieser grenzüberschreitenden Aktivitäten stellen sich unter anderem Fragen hinsichtlich der Gewinnabgrenzung oder allfälliger Verlustübernahmen, Fragen zur Transferpreisgestaltung oder Gewinnrepatriierung sowie der Vermeidung von Doppelbesteuerungen. Unilaterale steuerliche Massnahmen werden der internationalen Dimension dieser Fragen in Zukunft wohl nur mehr beschränkt gerecht, es müssen als Option vielmehr auch bilaterale Wege mit in die Betrachtung einbezogen werden.

4. Angesichts der in der globalisierten Wirtschaft zunehmenden Mobilität von Kapital und Arbeit wird die Besteuerung dieser Faktoren zunehmends schwieriger. Ein zukunftsgerichtetes Steuersystem hat aus Gründen der Standortattraktivität nolens volens diese Mobilität der Produktionsfaktoren angemessen zu berücksichtigen, dies gerade auch mit Blick auf die Attraktivität für komplexe, internationale Vermögensstrukturierungen im Umfeld transparenter steuerlicher Gestaltungsmöglichkeiten.

5. Unsere schnelllebige Zeit bringt es mit sich, dass Unternehmen oftmals durch wirtschaftliche Veränderungen gezwungen sind, sich neu zu strukturieren. In diesem Zusammenhang ist es im Interesse einer guten Standortqualität, dass notwendige Umstrukturierungen für die beteiligten Unternehmen keine nachteiligen steuerlichen Folgen mit sich ziehen. Oder anders ausgedrückt: An einem qualitativ guten Steuerstandort sollte gewährleistet sein, dass für Umstrukturierungen Steuerneutralität gilt.

6. Die konsequente Orientierung eines Steuersystems an den Grundsätzen der Wettbewerbsfähigkeit bringt es schliesslich mit sich, jene Steuern einer Überprüfung zu unterziehen, welche die wirtschaftliche Betätigung hemmen oder die wirtschaftliche Substanz schwächen oder gar aushöhlen. In diesem Sinne sind insbesondere Transaktionssteuern wie die Emissions- und Gründungsabgabe und auch Substanzsteuern wie z.B. die Kapitalsteuer als hinderlich anzusehen.

Abschliessend noch ein Wort zur zeitlichen Dimension: Für die Zukunft wird es wohl nicht ausreichen, jeweils bloss reaktiv die bestehenden Mängel und Schwächen mit Bezug auf die internationale Wettbewerbsfähigkeit zu beseitigen. Um im internationalen Steuerwettbewerb in Zukunft erfolgreich bestehen zu können, ist es meines Erachtens notwendig, stets rasch und flexibel auf neue steuerliche Entwicklungen und Standortverbesserungen in anderen Staaten zu reagieren, in gewissen Fällen diese sogar proaktiv vorwegzunehmen. Hierzu sind wahrscheinlich auch institutionelle Anstrengungen notwendig.

## 2.3 These 3: Stärkung der verschiedenen Aspekte der Entscheidungs- und Wettbewerbsneutralität der Besteuerung

Nebst der angesprochenen Frage der Wettbewerbsfähigkeit sollte ein modernes Steuersystem auch die Entscheidungs- und Wettbewerbsneutralität der Besteuerung zum Ziel haben.

Als Hauptargument dafür ist anzuführen, dass mit einer Stärkung der Entscheidungs- und Wettbewerbsneutralität ganz grundsätzlich die internationale Integration eines nationalen Steuersystems gefördert wird. Dies wiederum führt zwangsläufig zur Verringerung und Eliminierung der Angriffsflächen im Rahmen der internationalen Diskussion über den Steuerwettbewerb und bewirkt damit schliesslich eine Festigung der eigenen Wettbewerbsposition.

Was ist nun aber unter einem entscheidungs- und wettbewerbsneutralen Steuersystem zu verstehen?

Das Gebot der Beachtung der Entscheidungs- bzw. Wettbewerbsneutralität der Besteuerung zielt auf die Gleichbehandlung von möglichen Handlungsalternativen ab, und zwar dergestalt, dass die Rangordnung der möglichen Handlungsalternativen nach Besteuerung noch dieselbe ist wie vorher. Eine solche Neutralität ist also immer dann gegeben, wenn unternehmerische Entscheidungen von der Besteuerung unbeeinflusst bleiben, oder anders ausgedrückt, die Besteuerungsmassnahmen nicht diskriminierend in die Wettbewerbsverhältnisse eingreifen.

Im Unterschied zu anderen Steuerarten trägt die Mehrwertsteuer grundsätzlich den Vorteil der Entscheidungs- und Wettbewerbsneutralität in sich. Sie verhindert insbesondere Verzerrungen im grenzüberschreitenden Verkehr, da Exporte von Waren und Dienstleistungen von der Mehrwertsteuer entlastet und die Importe mit dieser belastet werden. Die Mehrwertsteuer ist zudem auch im Inland weitgehend wettbewerbsneutral ausgestaltet.

Im Bereich des Unternehmenssteuerrechts ist die Frage differenzierter zu betrachten. Man muss hier zwischen verschiedenen Ausprägungen einer entscheidungs- bzw. wettbewerbsneutralen Besteuerung unterscheiden. Es werden folgende drei aufgegriffen:

1. Zunächst die Finanzierungsneutralität: Unter dem Aspekt der Finanzierungsneutralität sollten Finanzierungen durch das Steuersystem nicht beeinflusst werden. Mit anderen Worten, die Steuerbelastung darf für betriebliche Finanzierungsentscheidungen keine Rolle spielen. Es soll für einen Unternehmer egal sein, ob er sein Unternehmen mit Fremdkapital oder mit Eigenkapital finanziert, denn dies beeinflusst seine Steuersituation nicht, d.h. es ist steuerneutral.

   Unter dem Gesichtspunkt der Finanzierungsneutralität erscheint im geltenden Steuerrecht beispielsweise die steuerliche Diskriminierung des Eigenkapitals durch die Emissionsabgabe und die Kapitalsteuer als problematisch, ebenso die Diskriminierung hinsichtlich der Nichtabzugsfähigkeit von Eigenkapitalzinsen.

2. Zum Aspekt der Investitionsneutralität: Im Lichte der Entscheidungsneutralität sollte das Steuersystem im Weiteren keinen Einfluss auf die Art und Weise von Investitionen ausüben, also z.B. auf die Frage, ob ein Unternehmen einen Gegenstand leasen oder kaufen soll oder ob ein Anleger in dieses oder jenes Finanzprodukt investieren soll.

Auch sollte es nicht den Zeitpunkt einer Investition beeinflussen. Eine Investition oder Desinvestition sollte vielmehr dann getätigt werden können, wenn sie aus unternehmerischer Sicht sinnvoll ist. In diesem Sinne wäre für das geltende Steuerrecht wohl zu fordern, dass sich die Gewährung des Beteiligungsabzugs bei massgeblichen Beteiligungen nicht nur auf Beteiligungserträge selbst erstreckt, sondern auch auf Veräusserungsgewinne ausgedehnt wird.

3. Nebst der Finanzierungs- und Investitionsneutralität sollte in einem marktwirtschaftlich orientierten Steuersystem auch die rechtsformneutrale Besteuerung angestrebt werden. Rechtsformneutralität ist dann gegeben, wenn die Rechtsform konkurrierender Unternehmen keine steuerlichen Auswirkungen hat und damit den Wettbewerb nicht verzerrt. Gegenwärtig werden Einzelunternehmen und Personengesellschaften einerseits sowie unternehmerisch tätige juristische Personen anderseits steuerlich unterschiedlich behandelt. Wenngleich die Bewertungsvorschriften weitgehend gleich sind, unterscheidet sich die steuerliche Belastungssituation bei den verschiedenen Unternehmensformen doch erheblich, insbesondere wenn man die Sozialabgaben mit in die Betrachtung einbezieht. Als besonders störend ist im heute geltenden Steuerrecht jedoch vor allem ein anderer Verstoss gegen Rechtsformneutralität anzusehen, nämlich derjenige unter den juristischen Personen selbst. Indem nämlich ausschliesslich die Gewinnausschüttungen von Aktiengesellschaften, nicht jedoch diejenigen anderer Gesellschaftsformen steuerlich mit der Couponsteuer belastet werden, wird die Aktiengesellschaft spürbar benachteiligt, und dies obwohl doch gerade sie als harmonisierte Gesellschaftsform weltweite Anerkennung geniesst.

Abschliessend sei zur These der Stärkung der Entscheidungs- und Wettbewerbsneutralität der Vollständigkeit halber noch angeführt, dass in diesem Zusammenhang auch die Möglichkeit der Einführung einer Konzernbesteuerung in Erwägung zu ziehen wäre. Zugegebenermassen handelt es sich dabei um eine ehrgeizige Leitvorstellung, deren Realisierung erst mittelfristig möglich sein dürfte.

## 2.4 These 4: Beachtung des Gebots der Fairness der Besteuerung (Kriterium der Akzeptanz)

Ein neues Steuerkonzept kann und darf selbstverständlich nicht ohne Berücksichtigung seiner Verteilungswirkungen entworfen werden. Es wird deshalb auch mit Blick auf die Zukunft eine Selbstverständlichkeit sein, dass dem Aspekt der Gerechtigkeit der Besteuerung besondere Beachtung geschenkt wird. Denn ein Steuersystem kann über kurz oder lang nur dann funktionieren, wenn es von den Steuerzahlern auch als fair empfunden wird; sonst wächst der Steuerwiderstand und die Steuermoral schwindet.

Ein in diesem Sinne faires Steuersystem verlangt deshalb auch in Zukunft die Besteuerung nach den Grundsätzen der Allgemeinheit und der Gleichmässigkeit sowie als zentralen Massstab die Besteuerung nach der wirtschaftlichen Leistungsfähigkeit. Gerade im Bereich der direkten Steuern sind dazu bis heute zahlreiche Theorien entwickelt und Konkretisierungsversuche unternommen worden, wie das Leistungsfähigkeitsprinzip inhaltlich genauer gefasst werden könnte.

Betrachten wir nun in diesem Zusammenhang die statistischen Daten bezüglich der Steuerlastverteilung bei den direkten Steuern in unserem heutigen Steuersystem, so müssen wir in kurzen Worten die Feststellung treffen, dass „sehr wenige sehr viel und viele gar nichts beitragen".

Aufgrund dieser Tatsache werden die verschiedenen Überlegungen hinsichtlich der richtigen Indikatoren zur Beurteilung der wirtschaftlichen Leistungsfähigkeit auch bei uns diskutiert werden müssen. Es werden sich dabei etwa folgende Fragen stellen:

- Soll weiterhin der Erwerb bzw. das Einkommen oder der Gewinn die massgebliche Grösse für die Bemessung der Leistungsfähigkeit sein oder gibt es andere Alternative bzw. weitere Indikatoren?

- Soll wie bisher das realisierte Markteinkommen als Mass gelten oder nur dasjenige, welches aktuell in den Konsum geht?

- Welche objektiven und subjektiven Leistungsfähigkeitskriterien sollen in Zukunft als Abzüge, Freibeträge und dergleichen bei der Bestimmung der Steuerbemessungsgrundlage Berücksichtigung finden?

Nebst diesen und anderen Fragen hängt die Bemessung der wirtschaftlichen Leistungsfähigkeit bei den direkten Steuern massgeblich auch von der Ausgestaltung der Tarifierung ab; es geht also um die Frage: Soll die Besteuerung proportional oder progressiv erfolgen?

An dieser Stelle sei eine Bemerkung zur heutigen Gewinnbesteuerung bei den juristischen Personen erlaubt. Die Besteuerung der Gewinne juristischer Personen erfolgt aufgrund der Eigenkapitalrendite, d.h. der Gewinn wird zu Grundkapital und Reserven ins Verhältnis gesetzt, woraus sich der Steuersatz errechnet. Meines Erachtens ist diese Art der Gewinnbesteuerung damit nicht notwendigerweise geeignet, die wirtschaftliche Leistungsfähigkeit des Unternehmens zu beurteilen. Das heutige System der Besteuerung nach der Ertragsintensität simuliert bloss eine Art von Leistungsfähigkeit und ist daher zu überdenken.

Nach dem Bereich der direkten Steuern möchte ich noch ein paar Gedanken zum Gebot der Fairness bei den indirekten Steuern anfügen. Bei diesen treten die soeben besprochenen Kriterien der Bemessung der individuellen Leistungsfähigkeit offensichtlich in den Hintergrund. Denn bei einer Besteuerung, welche die Steuerträger in der Anonymität des Marktes belässt und den Steuerschuldnern die überwälzbaren Pflichten aufgibt, können subjektive Elemente keine Rolle spielen.

Aus dem Umstand, dass bei den indirekten Steuern Steuerschuldner und Steuerträger nicht identisch sind, kann man zunächst durchaus den Schluss ziehen, dass die indirekten Steuern hinsichtlich der Akzeptanz grosse Vorteile aufweisen und der Steuerwiderstand bei diesen a priori weniger gross ist. Daraus jedoch ableiten zu wollen, dass eine unbeschränkte Verlagerung von den direkten zu den indirekten Steuern möglich sei, wäre ein Trugschluss. Denn eine zu hohe indirekte Besteuerung ist wegen des regressiven Charakters unter sozial- und gesellschaftspolitischen Aspekten problematisch. Eine Besteuerung überwiegend durch indirekte Steuern ist folglich nur dann als fair zu bezeichnen, wenn sie die individuelle Existenzsicherung nicht gefährdet. Dieses Gebot der Fairness bei den indirekten Steuern zu vernachlässigen, heisst deshalb, über kurz oder lang ebenfalls die Akzeptanz des Steuersystems aufs Spiel zu setzen.

## 2.5 These 5: Gewährleistung von Effizienz, Erhebungswirtschaftlichkeit und Transparenz

Steuergesetze müssen nicht nur die Steueransprüche materiell begründen, sondern haben auch die technischen Aspekte der Umsetzung sowie den Vollzug zu berücksichtigen. Bei der Ausgestaltung steuerlicher Erlasse kann man sich deshalb nicht darauf beschränken, sich mit allerletzter Konsequenz nach den Gerechtigkeitsgedanken auszurichten. Denn ein ausschliesslich auf Gerechtigkeitsgedanken Bedacht nehmendes Gesetz wäre zwar als abstrakte Konstruktion perfekt, aber in der Praxis schwerlich durchführbar. Eine einseitige Betonung würde, mit anderen Worten, die Steuergesetze übermässig verkomplizieren und ihre Anwendung erschweren, mitunter gar vereiteln. Da es sich beim Steuerrecht wohl auch in Zukunft um Massenfallrecht handeln wird, ist es unerlässlich, dass auch praktische Gesichtspunkte mit einbezogen werden, um so die Effizienz des tatsächlichen Vollzugs sichern zu können.

Ein modernes Steuersystem muss nach dem Gesagtem deshalb so ausgestaltet sein, dass der Finanzbedarf des Staates unter grösstmöglicher Wahrung der Steuergerechtigkeit mit minimalen Kosten gedeckt werden kann. Dogmatisch noch so überzeugende Ansätze für eine Besteuerung sind für eine Umsetzung deshalb untauglich, wenn die Steuer nicht oder nur unter einem unangemessenen Kosten-Nutzen-Verhältnis festgesetzt und erhoben werden kann. Besteuerungstatbestände, die unter dieser Voraussetzung nicht kontrolliert werden können, führen damit letztlich in ein rechtsstaatlich nicht zu verantwortendes Vollzugsdefizit.

Das geltende, zum Teil veraltete Steuerrecht kann den Effizienzansprüchen aber aus verschiedenen Gründen nicht mehr vollumfänglich genügen, sondern weist erhebliche Schwächen auf.

Eine Reform des liechtensteinischen Steuerrechts muss deshalb – nebst der materiellen Ausrichtung – auch darauf angelegt sein, den Steuervollzug, insbesondere durch Quellenabzug und neue Formen der Veranlagungstechnik, zu erleichtern sowie die Anzahl der zu veranlagenden Fälle deutlich zu verringern. Gleichzeitig sind Steuertatbestände, die mit einem Vollzugsdefizit verbunden sind, anzupassen bzw. aufzuheben und in Zukunft zu vermeiden.

Unter dem Blickwinkel eines effektiven und transparenten Steuersystems ist noch folgender Punkt anzusprechen, der für die Zukunft wichtig erscheint, nämlich die sog. „weichen Faktoren des Steuersystems". Unter den „weichen Faktoren eines Steuersystems" werden die kulturellen Inhalte verstanden, die der Tätigkeit der Steuerbehörden zugrunde liegen, also die Kompetenz der Behörde, die Einstellung zum Dienst am Kunden, die Verlässlichkeit, die konstante und transparente Praxis, die Voraussehbarkeit der Tätigkeit, die Abgabe verbindlicher Vorbescheide sowie die Schnelligkeit. Diesen weichen Faktoren kommt aus Sicht des Steuerstandorts meines Erachtens auch in Zukunft entscheidende Bedeutung zu, so dass sie gefestigt und weiter ausgebaut werden sollten. Die wechselseitige Qualität des Verhältnisses zwischen Steuerzahlern und Fiskus war und wird ein wichtiges Kriterium für ein modernes Steuersystem bleiben.

## 3 Schlussbemerkungen

Steuerreformen haben, wie eingangs erwähnt, praktisch weltweit Konjunktur. Dabei werden verschiedene Wege zu möglichen Steuersystemen der Zukunft eingeschlagen bzw. vorgeschlagen. Welche davon zu Hauptachsen, welche zu Sackgassen werden, wird die Zukunft zeigen. Trotz dieser Ungewissheit hinsichtlich der Erfolgsaussichten und im Bewusstsein, dass die Kontinuität und Stabilität des Steuersystems ein hohes Gut seien, scheint mir auch für unser Land der Zeitpunkt gekommen, zumindest den Versuch einer rationalen Auseinandersetzung mit dem heutigen Steuersystem und der heutigen Steuerstruktur zu unternehmen.

In diesem Sinne bin ich überzeugt, dass die eingangs erwähnte Wendung „business goes global, taxes stay local" in der Tat nicht als Entschuldigungsgrund für eine Untätigkeit herangezogen werden kann. Denn ansonsten laufen wir Gefahr, dass wir zwar wesentliche Rahmenbedingungen im Bereich des Aufsichts-, Sorgfaltspflichts- und Missbrauchsrechts geschaffen haben, aber den Strukturwandel im Kernbereich des globalen Steuerwettbewerbs mitunter verpassen.

GPSR Compliance

*The European Union's (EU) General Product Safety Regulation (GPSR) is a set of rules that requires consumer products to be safe and our obligations to ensure this.*

*If you have any concerns about our products, you can contact us on ProductSafety@springernature.com*

In case Publisher is established outside the EU, the EU authorized representative is:

Springer Nature Customer Service Center GmbH
Europaplatz 3
69115 Heidelberg, Germany

**Batch number: 10815974**

Printed by Printforce, the Netherlands